中國大學教育發展史

伍　振　鷟　著

學歷：國立臺灣師範大學教育系、教
　　　育研究所畢業
　　　英國倫敦大學研究
現職：國立臺灣師範大學教授

三　民　書　局　印　行

國家圖書館出版品預行編目資料

中國大學教育發展史／伍振鷟著.－－初版四刷.－
－臺北市；三民，民90
面；　公分

ISBN 957-14-0356-3 (平裝)

520

網路書店位址　http://www.sanmin.com.tw

著作人　伍振鷟
發行人　劉振強
著作財產權人　三民書局股份有限公司
臺北市復興北路三八六號
發行所　三民書局股份有限公司
地址／臺北市復興北路三八六號
電話／二五〇〇六六〇〇
郵撥／〇〇〇九九九八——五號
印刷所　三民書局股份有限公司
門市部　復北店／臺北市復興北路三八六號
重南店／臺北市重慶南路一段六十一號
初版一刷　中華民國七十一年十月
初版四刷　中華民國九十年十一月
編　號　S 52015
基本定價　肆　元
行政院新聞局登記證局版臺業字第〇二〇〇號

ISBN　957-14-0356-3　(平裝)

楊序

「讀書」、「寫書」、「教書」，是近幾年來我所懸為生活的目的；也正是我實際生活的寫照。目下、在「寫書」方面，雖尚乏善可陳，但「讀書」與「教書」的生活，却使我感覺得頗爲自適與自得。緣我自民國九年北大畢業，旋赴美留學研究教育，便以教育事業爲終身職志，回國以後、卽從事大學行政工作。此後雖轉任公職，但數十年來始終不離開教學生活；伍君振鷟便是我來臺初期在臺灣省立師範學院（師大前身）教過的學生。三十多年來，伍君不但與我常有聯繫，尤其最近幾年更時相過從；或討論問題，或交換心得。因之，對於伍君的認識亦較深。伍君爲人篤實，做學問亦不騖高遠；自畢業後就一直在師大任教，平日教讀之餘，常有教育方面的論文與專著發表。近更應國立教育資料館之約，完成「中國大學教育發展史」一書；付梓前夕，索序於我。展讀一竟，覺其體裁完善，結構嚴謹，尤以不同的特色標示各個階段大學教育設施的重點，如先秦「私學」時期、宋明「書院」時期，既具匠心，兼亦醒目。而在詳論每個時期的大學教育設施之前，又略述其社會文化背景與一般教育概況，實已具備一部完整中國教育史的規模。甚盼伍君再接再勵，肆其餘力，於最短期間完成一部中國教育史的著作，實有厚望。是爲序。

楊亮功

壬戌孟秋
同客臺灣

自序

早在四五年前，國立教育資料館曾與我接洽，約我撰寫中國教育史；並希望能在兩年之內交稿。當時基於各種因素的考慮，主要是學養所限，未敢應命。後來國立教育資料館改變計劃，以中國的國民教育、中等教育、與大學教育等的發展史爲題，分別約請數位對其中某一專題有研究心得的人士執筆，共says進行；其中「中國大學教育發展史」部份，最後仍輾轉分派由我承乏其事。當初以爲題目的範圍已縮小了，而且自己也正在擔任中國教育史的課程，寫起來應該不會有太多的問題。但事實却並不如此；執筆期間，發現不但問題多，而且有的短時間解決不了。最後若不是暑假期間另有他事待理，至少在今年秋天開學以前，是不可能繳卷的。由此看來，祇中國教育史的一部份兩年的時間尚不够，若是全部的工作，眞不知道要多少時間才可以完成。

嚴格地說，寫一本勉強可以拿得出來的中國教育史，別說一兩年，就是三年五年也未見得够。俗話說：「慢工出細活。」雖然慢工不一定出細活，但趕工一定出不了好活，是絕對可以斷定的。因此，未來數年我打不打算或可不可能寫一本中國教育史，現尚難說，唯有俟諸異日；然目前我所最關心的，却是這本書拿不拿得出來。因爲我知道在匆忙之間趕出來的東西，無論內容或見解，甚至體裁與結構，謬誤及未盡妥當之處必定不少。至祈各界方家與先進，有以教正。

最後，本書的出版，係承國立教育資料館約稿並安排三民書局印行，復蒙楊師亮功賜序，不僅得光篇寵，而語尤多勉勗，均謹此申謝。

伍振鷟

壬戌秋於師大

中國大學教育發展史　目次

壹、緒　論

在今天的世界上，幾乎沒有一個國家像中國這樣擁有如此悠久的文化與完整的歷史。中國源遠流長的文化與紀錄完整的歷史，具體而充分地反映並呈現在中國教育發展的過程中及其成就之上。在歷史上，中國可說是一個極爲重視教育的國家，學校教育在上古時期(四千年前)卽已與辦，尙書大傳稱：「古之帝王者，必立大學小學。」禮記學記亦說：「古之王者建國君民，教學爲先。」而其所建立的學校，據小戴禮記王制篇：「有虞氏養國老於上庠，養庶老於下庠；夏后氏養國老於東序，養庶老於西序；殷人養國老於右學，養庶老於左學；周人養國老於東膠，養庶老於虞庠；……」鄭玄以爲：上庠、右學、東序、東膠，都是大學，而下庠、左學、西序、虞庠，則均是小學。儘管那個時候所建立的學校，已是大學與小學俱有，然而不可否認的，自上古以迄淸末，我國歷代的學校教育，名義上雖係二級制，而實際上卻是以大學教育爲重心。歷代的文獻中，有關大學教育的史料，遠多於小學教育，此一客觀的事實且不必說，重要的原因，實在於以往在君主專制的政體下，教育帶有階級性，受教育僅係少數人的權利，這些人便是當時所謂的「士」。不僅如此，其時的教育功能，更主要在於培養輔佐帝王管理國事的治術人才。故我國歷代的學校教育，無論在形式上或實質上，莫不重在大學的教育，大學以外的教育，均不受重視，大戴禮虞戴德篇引述孔子之言說：「昔商老彭及仲傀（虺），政之教大夫，官之教士，技之教庶人。」及學記所謂「凡學，官先事，士先志。」可爲明證。

及至清末，新式的大學在我國開始設立。新式大學在各方面都與傳統的大學不同；這是因爲新式的大學乃是模仿西方的制度而建立的，而西方現代的大學，則又源於歐洲中古的大學。歐洲中古大學的興起，始於十二世紀中葉；當時在南歐幾處商業繁盛的新興城市，有少數著名的學者在那裏公開講學或著書立說，如康斯坦丁（Constantine of Cathage）之於沙列諾（Salerno）、艾爾納留（Irnerius）之於波隆納（Bologna），以及亞培拉（Peter Abelard）之於巴黎，因而吸引了許多學生不遠千里而來負笈求學。這些集合在一起的敎師與學生，爲了保障自己的權益，也仿效商人的行會（Universitas）組織的形式，組成學者的集團——「共同研習所」（Studis generalia），稱之爲「敎師與學生的組合」（Universitas Magistrarum et scholarium）。後來 Universitas 一字習用於專指學者的集團，因而逐漸演變爲「大學」（university）的名稱。

大學形成之後，由於鑑定學生程度與獲得敎師資格的需要，學位的制度亦隨之而建立。在學位制度發軔之初，進入大學的學生，必須具備有文雅敎育的基礎，並精通拉丁文，以爲研讀神學、醫學、與法學的階梯，如此便可以擁有「學士學位」（Bachelor degree），實際上是文學士（Bachelor of Arts）。故一般而言，學士學位是一預備性的頭銜，而不是完結性的。獲有學士學位後，繼續鑽研專門科目，如能完成一篇「精心傑作」（Maslterpiece），而又能通過公開的「問難」（attack）與「答辯」（defence），即後來的「口試」，則可獲頒「碩士」或「博士」（Master or Doctor）學位，並享有「敎授通行權」，取得大學敎師的資格。因爲在當時，「碩士」與「博士」均是「敎師」的同義字，並且碩士與博士二者之間也無高下之分。後來也許是受了藝徒制與武士制的影響，大學的學位遂亦有高下之分，形成學士、碩士、與博士的三級制；同時文學士亦不再是預備性的，而爲一般學生追求的終結性的目標。大學的三級學位制建立後，授予學位與否便成爲區分大學與非大學的一個標準。本書撰寫的目的，主要在於探究我國大學敎育發展的歷史，故所採區別大學與非大學的標準，便是學位的授予與否；凡授予學位的大學與獨立學院，均納入大學敎育的範圍，而不授學位的專科學校，則不屬此範圍。順便在此說明。至於我國在興辦新式大學以前的情況，當然與此不同，自亦不能適用這個標準；不得已姑以普通性質的學校，如太學（大學）與國子監（學）屬之大學敎育的範圍，而專門性質的學校，如醫學、書學、算學等，則排之於大學敎育的範圍之外。這樣做雖不敢說具有普遍的妥當性，但除此實亦難有更好的辦法。

由右所述，可知我國大學敎育發展的歷史，從古到今雖爲時逾四千年，然大別卻祇能劃分爲兩個時期：傳統敎育時期與新式敎育時期；而其劃分點則爲清末的變法維新、改革敎育。不過，傳統敎育時期長約四千餘年，而新式敎育時期僅一百多年，二者在時間上實難以相提並論。因之，關於我國大學敎育發展史的撰述，尚須按其時序在章節方面另作安排，尤其要把握發展過程中不同階段的重點及其特色，加以強調與發揮，始足顯示其時代的精神，並認識、了解其所代表的意義。以此，本書將我國大學敎育發展的歷史，分爲如下幾個時期加以敍述，每個時期並明白地標示其所具有的特色。上古「官學」時期：包括虞、夏、商、西周四個朝代，爲期約一千五百多年，其特色是所有學校（主要爲大學）全部都是官學，是我國歷史上所謂的「政敎不分，官師合一」的時代；先秦「私學」時期：即春秋戰國時代，始於平王東遷，終於六國混一，爲期五百餘年，其特色是官學漸廢而私學代興，是我國歷史上學術思想最開放自由，且成就最輝煌的時代；兩漢「太學」時期：秦併六國，下開中國數千年大一統之局，但足以代表由秦至漢四百餘年之間的敎育並顯示其特色的，卻只有兩漢的「太學」，故關於此一時期大學敎育的敍述，係以兩漢的太學爲其重點，而附以秦代；魏晉「衰落」時期：自三國鼎立、中經兩晉與南北朝的對立，至隋代統一的近四百年的時間，是我國歷史上政治與社會各方面最爲紛亂的時代，也是教育極爲衰落的時期，魏晉的大學教育固極衰頹，南北朝亦僅略勝一籌；隋唐「科學」時期：漢唐並稱盛世，且唐代的學校教育亦甚發達，但隋唐五代四百餘年的時間，盛行不衰、爲世所重、而其影響更及於後世的，卻是科學，其光芒遠蓋過學校教育，故以之代表此一時期；宋明「書院」時期：宋代的學校教育與科學均盛，其太學三舍法，在中國教育史上亦允稱獨步，然而，書院的成就卻爲此一時期的大學教育放一異彩，進入元明以後，大學教育的領域幾全賴書院獨撐大局，故六七百年的大學教育，唯書院足以代表，其特色亦在於書院；清代「變革」時期：中國教育史上劃時代的「變革」，發生於清代，其前期的教育，純係固有的，因襲前代的，而後期的教育（以大學教育爲主），則全爲外來的，模仿西方的，且變革的意義大於變革的本身，不僅是中國大學教育發展的重要里程碑，也是中國大學教育現代化的先聲；民國「發展」時期：中華民國的大學教育，尤其是最近三十多年的發展，無論量的擴充與質的提高，其成就均屬空前，今後允宜在既有的基礎上，不斷改進，精益求精，俾百尺竿頭更進一步，則其未來的發展，實未可限量。

以上已簡略的將我國大學教育不同時期的發展概況加以說明；接着要談的是取材的標準與撰寫的方式。就材料的取捨而言，自以直接與我國歷代各種大學教育設施有關的材料爲主；其次，凡歷史上其他有影響於大學教育設施的重大政教措施，如兩漢的選擧、魏晉的九品中正，以及隋唐以後的科學等，亦兼採取；此外，間或與西方類似的情況比較，但力避牽強與比附。談到撰寫的方式，主要雖在敍述我國大學教育發展的史實，然而，關於不同時期的社會文化背景與一般教育概況，亦不忽略，並均加以介紹，以爲認識與了解各個時期大學教育設施的背景。因爲大學教育設施一方面固是整個教育設施中的一部分，同時更是各個時期不同的政治、經濟、社會、特別是文化因素的產物；不同的時代背景（精神），產生各異的教育體制，而在互異的教育體制之下，大學教育的設施自必有所興革或損益，而不可能一成不變。一部中國大學教育的發展史，乃是我國大學教育從古至今與時推移的紀錄；以下卽依其時序的先後，撮述我國各個時期不同的大學教育發展的重要史實。自維譾陋，率爾操觚，必難當意；如能因磚得玉，實符私願。

貳、上古官學時期

我國歷史悠久，文化發達甚早；遠古的傳說雖未可盡信，然據近代地下發掘史料的考證，夏商兩代之事固極可信，就是唐虞的存在，亦有高度的可能性。至於我國上古時期的敎育，據各種典籍的記載，正式敎育係萌芽於虞夏，而敎育制度則建立於殷周。探究我國上古時期敎育設施的資料，就起源與宗旨而言，莫古於尙書；就學制與敎科而論，莫詳於周禮王制及文王世子；就原理與敎法來看，莫過於學記；就校規與學則來說，莫備於弟子職；另論學前敎育（蒙養）與女子敎育，尙有內則等。其餘先秦諸子之書，特別是儒家的著作——論語、大學、中庸、孟子、荀子，在心、性、知、行的討論方面，均極富價值。唯此處宜加以指陳的，乃虞、夏、商、周四代所與辦的學校，均係官立，這是由於我國上古「官師合一、政敎不分」的傳統所造成，不可不知。以此，本文關於我國此一時期敎育的論述，特爲標出「官學」二字，卽在顯示其時代的特色。

一、社會文化背景

論語中有一段記載孔子的話說：「殷因於夏禮，所損益，可知也；周因於殷禮，所損益，可知也；

其或繼周者，雖百世，可知也。」（爲政）這是說明社會文化，是由逐漸積累與演進而來。中國上古時期教育的演進，亦是如此，由虞、夏、商逐步發展，至西周而集其大成；西周之制固承襲於殷商，實亦損益虞、夏、商三代之制而發展、形成。而影響於教育的發展與變革的，又有此一千餘年間的各種社會文化的背景。

在政治上，此一時期中國逐漸由部落形成國家，最後並建立封建的制度。封建制度雖極盛於周，但並不始於周。在周以前，唐虞兩代大概還在部落時期，所謂的堯舜「禪讓」，實係部落酋長推選「共主」的制度。至夏已建立國家，並開始封建，左傳稱：「禹會諸侯於塗山，執玉帛者萬國。」而禹貢亦舉甸、侯、綏、要、荒五服之制，❶各五百里，均是證明。殷承夏制，中國方三千里之界，「凡九州，千七百七十三國」；（禮記王制）其制「公侯方百里，伯七十里，子男五十里」。（參見王制、孟子）後武王革命，開國之初，建「兄弟之國十五，姬姓之國四十」，（見左傳昭公二十八年）大封子弟，廣建親藩；並折五服爲九服，❷各方五百里，王畿則方千里；其要服之內方七千里，約有「千八百諸侯」，（鄭玄引孝經說）封地較殷爲大，「公方五百里，侯方四百里，伯方三百里，子方二百里，男方百里。」（周禮王制）封建制度至周乃達於極盛。

在經濟上，此時中國已自游牧時代進入農業時代，而在土地方面則實行井田制。有關三代的田制，孟子書中曾有論說：「夏后氏五十而貢，殷人七十而助，周人百畝而徹，其實皆什一也。……方里而井，井九百畝，其中爲公田；八家皆私百畝，同養公田、公事畢，然後敢治私事。」（滕文公上）近人

❶ 另見國語周語：「先王之制，邦內甸服，邦外侯服，侯衞賓服，蠻夷要服，戎翟荒服。」
❷ 據周禮職方，九服爲：侯、甸、男、采、衞、蠻、夷、鎭、藩。

多以爲井田爲孟子的理想，但周禮有「經土地而井牧其田野」之文，（地官小司徒）左傳有「井衍沃，牧隰皋」之事，（襄二十五年傳）而大戴禮夏小正更記：「初服於公田」，詩小雅大田亦云：「雨我公田，遂及我私」，都可證明三代已實行井牧之法。至於井田制的破壞，始自春秋魯宣公十五年的「初稅畝」，至商鞅變法，土地公有的井田制遂爲私有的阡陌所代替了。

在社會上，婚姻制度、宗法制度與世卿制度，於此一千多年的時間內，均已逐步形成固定的制度。首就婚姻制度而言，男女的婚姻乃是人倫關係的嚆矢，由易序卦傳所謂：「有天地然後有萬物，有萬物然後有男女，有男女然後有夫婦，有夫婦然後有父子，有父子然後有君臣，有君臣然後有上下，有上下然後禮義有所錯。」可知其爲一切倫理道德的基礎。我國上古時期的婚姻制度，係由異族爲婚遞嬗至異姓爲婚，禮大傳：「六世親屬竭矣，其庶姓別於上，而戚單於下，婚姻可以通乎？繫之以姓而弗別，綴之以食而弗殊，雖百世而昏姻不通者，周道然也。」是同姓不婚之制，在周代已告確定。其次，關於宗法制度，與封建制度有表裏一致的關係，近人王國維說：「周人嫡庶之制，本爲天子諸侯繼統法而設；復以此制通之大夫以下，則不爲君統而爲宗統，於是宗法生焉。」（見觀堂集林卷十殷周制度考）宗族制度建立，則世及之禮，嫡庶之別，與大宗小宗之法，均釐然有別而不亂了。最後談到世卿制度，亦與封建制度有密切關係，詩大雅文王：「文王孫子，本支百世；凡周之士，不顯亦世。」鄭箋說：「其子孫適（嫡）爲天子，庶爲諸侯，皆曰世；凡周之士，謂其臣有光明之德者，亦得世世在位，重其功也。」這是成周以後，在封建制度下卿大夫皆得世世在位的一種制度；同時專門世業的疇官，亦多父子相傳，即史記所謂的「父子疇官，世世相傳」。（龜策列傳）

在文化上，據近代考古家所發掘的地下資料考證，中國在紀元前二千多年，已有很高的文化。新石器時代的彩陶文化（仰韶文化）與黑陶文化（龍山文化），證明是殷代文化（小屯文化）的先驅；❸其時中國已有文字，能冶金（銅）、製器具、建房舍、定曆法、用貨幣、造舟車、立度量衡、並進行貿易。進入周代以後，一切文化制度更是粲然大備，由論語載孔子之言：「周監於二代，郁郁乎文哉！」（八佾）不難想見當時文化水準之高。

凡此種種，莫不與那個時期的教育設施息息相關，因爲教育制度乃社會制度的一種，教育設施實卽社會文化背景的反映，其間雖或時有變革損益，然因果關係如影隨形，無不斑然可見，確然可考；容於下文涉及時加以說明，此不備述。

二、一般教育概況

中國上古時期，洪水爲患，故堯在位雖久，❹卻未遑興學。嗣舜卽位，水患已平，乃設官分職，以契爲司徒，夔典樂，分掌教化之事，尚書堯典下：「帝曰：『契！百姓不親，五品不遜，汝作司徒，敬敷五教在寬。』……」「帝曰：『夔：命汝典樂，教胄子（今文本作「教育子」）；直而溫，寬而栗，剛而無虐，簡而無傲；詩言志，歌永言，聲依永，律和聲，八音克諧，無相奪倫，神人以和。』……」爲我國有學校之始。虞代學校教育的內容，以「父義、母慈、兄友、弟恭、子孝」的五教與「詩、歌、

❸ 彩陶係一九二一年瑞典人安德生（J. G. Anderson）於河南澠池縣的仰韶村發現；黑陶是中研院史語所於一九三三年在山東歷城縣的龍山鎭發現；小屯在河南安陽，亦係由史語所發掘。

❹ 據史記，堯在位九十八年。

音、律」的音樂爲主；前者重在人倫，以成人(百姓)爲對象，後者偏於禮樂，以稚子(冑子)爲對象。繼此之後，夏、商、周三代均設學校，小戴記王制：「有虞氏養國老於上庠，養庶老於下庠；夏后氏養國老於東序，養庶老於西序；殷人養國老於右學，養庶老於左學；周人養國老於東膠，養庶老於虞庠，虞庠在國之西郊。」西郊亦作四郊。鄭玄注：「上庠、右學、大學也，在西郊；下庠、左學、小學也，在國中王宮之東。東序、東膠、亦大學，在國中王宮之東；西序、虞庠、亦小學，在西郊。」由此看來，虞、夏、商、周四代不但均立有學校，並且學制分爲兩級；虞的上庠、夏的東序、殷的右學、周的東膠，都是大學；虞的下庠、夏的西序、殷的左學、周的虞庠，都是小學。以上大學與小學，皆係國學；至其在國中或在(四)郊，則虞殷與夏周恰好相反，即虞殷兩代的大學在郊而小學在國中，夏周則大學在國中而小學在(四)郊。其次，四代的學校(國學)，不論大學或小學，其主要功能均爲養老；不過大學養國老，小學養庶老。

國學而外，又有鄉學；鄉學始於夏，史記稱：「聞三代之道，鄉里有敎：夏曰校，殷曰序，周曰庠。」(儒林傳)孟子亦說：「設爲庠序學校以敎之，……夏曰校，殷曰序，周曰庠，學則三代共之；皆所以明人倫也。」(滕文公上)據此可知，夏、商、周三代，均在國學之外，各立鄉學；鄉學之名，夏爲校，殷爲序，周名庠。唯國學有大學、小學之分，而鄉學則都是小學。又孟子謂：「……庠者，養也；校者，敎也；序者，射也。」(同上)似乎三代鄉學的功能，各有偏重：夏之校重敎，殷之序重射，周之庠重養。

綜括三代的學制，略可圖示如左：

學
- 鄉學
  - 夏校
  - 殷序
  - 周庠
  - 小學
- 國學（三代共之）
  - 小學
  - 大學

以上係就我國上古時期虞、夏、商、周四代的學校制度演進的概況，約略言之。茲進而談到各代學校教育的實施，據尚書大傳：「古之帝王者，必立大學小學。使王太子、王子、羣后之子，以至公卿大夫元士之適（嫡）子，十有三年始入小學，見小節焉，踐小義焉，年二十入大學，見大節焉，踐大義焉。故入小學，知父子之道，長幼之敍；入大學，知君臣之儀，上下之位。……」（周傳）又：「歲事已畢，餘子皆入學；十五始入小學，見小節，踐小義，十八入大學，見大節，踐大義。距多至四十五日始出學，傅農事。」（略說）由此可以發現：第一、上古時期受教者有身份的不同，王太子、王子、羣后之子、公卿大夫元士之嫡子，與餘子的身份不一樣；第二、由於身份不同，因而入學的年齡與在學的時間亦不一致，王太子、王子、羣后之子、公卿大夫元士之嫡子，均十三歲入小學，二十歲入大學，而餘子及鄉人則十五歲入小學，十八歲入大學，並且多至後四十五日出學，以便「傅農事」；第三、書傳之文雖繫於周傳，但首句稱「古之帝王者」，當非專指有周一代而言，然而大戴禮記卻說：「古者年八歲而出就外舍，學小藝焉，履小節焉；束髮而就大學，學大藝焉，履大節焉。」（保傅篇）白虎通亦云：「古者……八歲毀齒，始有識知，入學，學會計；……十五成童志明，入大學，學經籍。」（辟雍篇）另公羊傳十五年註：「禮，諸侯之子，八歲受之少傅，教之以小學，業小道焉，履小節焉；十五受太傅，教之以大學，業大道焉，履大節焉。」則又與前文所述入學的年齡有所不同。後人推斷，以爲「王侯之子始就傅卽入小學，自宜較早；公卿以下之子必先教於家塾而後入學，自宜較遲；此則揆之禮而可信者耳。」(孫詒讓周禮正義卷二十五)此所以文獻通考亦謂：「今以諸書所載及此註詳之，則保傅及白虎通所言八歲入小學者，乃天子世子之禮；所謂小學則在師氏虎門之右，大學則在王宮之東，亦皆天子之學也。尙書大傳所言十三歲入小學，乃公卿大夫元士適子之禮；蓋公卿以下之子弟年方幼童，未應便入天子之學，所以十年出就外傅，且學於家塾，直至十三方令入師氏所掌虎門小學，而天子則別無私學，所以世子八歲便入小學歟？」(學校考)究之其實，受教者身份的不同固是入學年齡有異的原因之一，更重要的是朝代的因素，大致書傳所言爲三代一般的措施，而保傅篇所記則係周代特有之制，其間或有理想的成份，亦未可知。

不僅如此，上古時期的教育內容，亦因朝代的不同而有差異。文王世子稱：「凡三王教世子，必以禮樂。」大概係虞夏的國學，其教科僅有禮與樂，詩附於樂，而無書。至殷，虞夏之書列入課程，因而有「四術」、「四教」的名稱，王制：「樂正崇四術，立四教，順先王詩書禮樂以造士；春秋教以禮樂，冬夏教以詩書；王太子、王子、羣后之大子、卿大夫元士之適子、國之俊選，皆造焉。」以上爲教國子的課程，無大學小學之分，大概教科相同而內繁簡粗細有別。「小學習其事，大學習其理」，或係指此而言。周代以後，國學課程分化，大學與小學的教科各有不同；大學的教科容後再述，此處僅列學周代王朝小學的教科。據周禮：「師氏……以三德教國子：一曰至德以爲道本，二曰敏德以爲行本，三曰孝德以知逆惡；教三行：一曰孝行以親父母，二曰友行以尊賢良，三曰順行以事師長。……保氏掌教國子以道，乃教之六藝：一曰五禮，二曰六樂，三曰五射，四曰五馭，五曰六書，六曰九數；乃教之六儀：一曰祭祀之容，二曰賓客之容，三曰朝庭之容，四曰表紀之容，五曰軍旅之容，六曰車馬之容。……樂師教國子小舞；凡舞，有帗舞，有羽舞，有皇舞，有旄舞，有干舞，有人舞。」其課程以德、行、道、藝爲主，而特重禮樂。

至於教育民衆的科目，虞代極爲簡單，僅爲人倫與音樂（見前）；夏朝增爲六府、三事，左氏文七年傳引夏書：「『戒之用休，董之用威，勸之以九歌，勿使壞。』九功之德，皆可歌也，謂之九歌；六府、三事，謂之九功。水、火、金、木、土、穀，謂之六府；正德、利用、厚生，謂之三事。」殷則有六禮、七教、八政，王制：「司徒修六禮以節民性，明七教以興民德，齊八政以防謠；一道德以風俗，養者老以致孝，恤孤以逮不足，上賢以崇德，簡不孝以絀惡。」至周而教科更爲增加，有三物、五禮、六樂、與十二教等名稱，周禮：「大司徒施十有二教：一曰以禮教敬，則民不苟；二曰以陽禮教讓，則民不爭；三曰以陰禮教親，則民不怨；四曰以樂禮教和，則民不乖；五曰以儀辨等，則民不越；六曰以俗教安，則民不偷；七曰以刑教中，則民不虣；八曰以誓教恤，則民不怠；九曰以節教度，則民知足；十曰以世事教能，則民不失職；十有一曰以賢制爵，則民愼德；十有二曰以庸制祿，則民興功。」「……以鄉三物教萬民而賓興之：一曰六德，知、仁、智、義、忠、和；二曰六行，孝、友、睦、婣、任、恤；三曰六藝，禮、樂、射、御、書、數。」「……以五禮防萬民之僞而教之中，以六樂防萬民之情而教之和。」其教科名稱雖多，有與教國子者同，有與教國子者異，要之，其以德、行、道、藝爲主而特重禮樂的基本精神，並無二致。

與此一時期的學校教育有密切關係而又配合實施的，尙有「貢士」與「興賢」的措施。「貢士」行於殷，由各級學校論選士之俊秀者，上於王（天子）任官而爵祿之，王制：「（司徒）……命鄉論『秀士』，升之司徒，曰『選士』；司徒論『選士』之秀者而升之學，曰『俊士』；升於司徒者，不征於鄉，升於學者，不征於司徒，曰『造士』。」「造士」入國學之後，「大樂正論『造士』之秀者以告于王而升諸司馬，曰『進士』；司馬辨論官材，論『進士』之賢者以告於王而定其論。論定然後官之，任官然後爵之，位定然後祿之。」「興賢」爲周制，鄉官皆選賢能擔任，周禮：「鄉大夫之職，……三年則大比，考其德行道藝而興賢者能者；鄉老及鄉大夫帥其吏與其衆寡，以禮禮賓之。厥明鄉老及鄉大夫羣吏獻賢能之書于王，王再拜受之，登于天府，內史貳之。……此謂使民興賢，出使長之；使民興能，入使治之。」又：「遂大夫……三歲大比，則帥其吏而興甿；明其有功者，屬其地治者。」「州長……三年大比，則大考州里，以贊鄉大夫廢興。」貢士與興賢的不同，在於前者由鄉而升之司徒，由司徒而升之大學，學成然後爲官；後者則三年大比，與其賢能，直達於王，亦任爲官。唯前者有所任之官爲鄉大夫，而後者僅爲卿官（士）。

由貢士與興賢而得任官，可謂之「獎」，與「獎」相對的另有「懲」，即殷代學校所謂的「簡不肖」，王制：「司徒命鄉簡不師敎者以告，耆老皆朝於庠；元日，習射上功，習鄉上齒，大司徒師國之俊士與執士焉。不變，命國之右鄉簡不師敎者移之左，命國之左鄉簡不師敎者移之右，如初禮；不變，移之郊，如初禮；不變，移之遂，如初禮；不變，屏之遠方，終身不齒。」而國學則「凡入學以齒，將出學，小胥、大胥、小樂正簡不師敎者以告于大學正，大學正以告於王，王命三公九卿元士皆入學，不變、王親視學；不變，王三日不擧，屏之遠方，西方曰棘，東方曰寄，終身不齒。」「移」類似今日的轉學，「屏之遠方」類似今日的開除，爲殷代學校所施予學生「不師敎」的懲；至周代則無類似的資料。

除此而外，古籍中亦有關於學前敎育與女子敎育的記載。據內則：「子能食，食敎以右手；能言，男唯，女俞；男鞶革，女鞶絲。六年，敎之數與方名；七年，男女不同席，不共食；八年，出入門戶及卽席飮食，必後長者，始敎之讓；九年，敎之數日；十年，出就外傅，居宿於外，學書計。」兒童在六歲以前，男女可以合敎；七歲以後則分敎。及至十歲，男子出就外傅，由里塾而小學、而大學；女子則仍留處家中接受女敎，「女子十年不出，姆敎婉娩，聽從；執麻枲，治絲繭，織紝，組紃，學女事以共衣服；觀於祀，納酒漿，籩豆、菹醢、禮相助奠。十有五年而笄，二十而嫁；有故，二十三年而嫁。」（內則）又女子嫁前三月，並應學習婦德、婦言、婦功、婦容等，「是以古者婦人先嫁三月，祖廟未毀，敎于公宮，祖廟既毀，敎于宗室；敎以婦德、婦言、婦容、婦功。敎成，祭之；……所以成婦順也。」（昏義）這大概都是周代的情況。我國在三千年前已重視學前敎育（蒙養），極爲不易；但於女子敎育則僅在敎其順從，敎育機會顯不均等，與其時敎育之具有階級性，貴族與庶民分途，爲我國上古時代敎育的兩項闕失。不過，此亦時代所限，未可以今天的標準衡量。

三、大學敎育設施

從前面所提到的上古時期一般敎育概況看來，虞、夏、商、周四代的學校敎育，均是大學小學二級制；而由於大學乃是王朝敎化的重心與人材的根本，故大學敎育在此一時期的敎育設施中，又居於較爲重要的地位。就我國上古時期的大學敎育設施而言，如前所述，是萌芽於虞夏，建立制度於殷商，而成周尤學備四代，據大戴禮記：「學禮曰：『帝入東學，上親而貴仁；……帝入南學，上齒而貴信；帝入西學，上賢而貴德；……帝入北學，上貴而尊爵；……帝入太學，承師問道。……』」（保傅篇）孔廣森註云：「……太學者，辟雍之中堂也；虞名學為庠，夏為序，殷為瞽宗，周人兼取之，以名其四堂。詩曰：『鎬京辟雍，自西自東，自南自北。』謂辟雍居其中，四學環之。東堂曰東序，一曰東膠；……西堂曰瞽宗；……北堂曰上庠；……南堂曰成均，乃周學之正名。」由此看來，周代王朝大學有五：中央為辟雍，東為東序或東膠，西為瞽宗，北為上庠，南為成均，乃周學之正名。

除天子之大學外，諸侯亦皆立學，名為泮宮，王制有謂：「天子命之教，然後為學；小學在公宮南之左，大學在郊。天子曰辟廱，諸侯曰泮宮。」鄭玄註據伏生尚書大傳多士傳文，斷定王制所言為殷制，說：「學，所以學(教)士之宮，尚書傳曰：『百里之國，二十里之郊；七十里之國，九里之郊；五十里之國，三里之郊。』此小學大學，殷之制。」其實殷代天子諸侯立學相同，大學並無異名，周制始天子之學稱為辟雍，諸侯的大學名泮宮，小戴禮云：「……瞽宗，殷學也；頖宮，周學也。」（明堂位）黃以周亦說：「諸侯建國必有學，唯大學用泮宮制，天子命之，然後立。」（禮書通故卷三十一）又對天子之大學而言，諸侯的大學亦稱少學，漢書載：「其有秀異者移鄉學，于庠序；庠序之異者移國學，于少學；諸侯歲貢少學之異者於天子，學于大學，命曰造士。」（食貨志）至泮宮與辟雍的差別，據白虎通義：「辟者，璧也，象璧圓，以法天也；雍者，雍之以水，象教化流行也；外圓者，欲使觀者均平也。……諸侯曰泮宮者，半於天子宮也，明尊卑有差，所化少也。半者，象璜也，獨南面禮儀之方有水耳。」是二者建築的形式不同，而取義亦各有別。

其次，有關上古時期大學的功能，前面亦曾提到四代之學的主要功能為養老，王制有謂：「五十養於鄉，六十養於國，七十養於學，達於諸侯。」孔廣森註：「五十始衰，故養於鄉學；……六十漸衰，養禮彌豐，故養之於小學，小學在國中；……七十大衰，養禮轉重，故養於大學。」又祭義亦說：「昔者有虞氏貴德而尙齒，夏后氏貴爵而尙齒，殷人貴富而尙齒，周人貴親而尙齒；虞、夏、殷、周，天下之盛王也，未有遺年者。年之貴乎天下久矣，次乎事親也。」可見當時自天子以至諸侯均立學以養老；而學則包括鄉學、國學（小學）與大學。進一步要探究的是：養老所養的是甚麼老？以何種禮養老？關於前者，孔廣森說：「人君養老有四種：一、是養三老五更；二、是子孫爲國難而死，王養死者父祖；三、是養致仕之老；四、是引戶校年，養庶人之老。」（王制疏引皇氏說）又祭義亦云：「祀乎明堂，所以敎諸侯之孝也；食三老五更於大學，所以敎諸侯之弟也；祀先賢於西學，所以敎諸侯之德也。」是所養的老，除前引王制所提到的「國老」與「庶老」外，尙有「三老五更」及子孫爲國死難之「父祖」。至於養老之禮，王制稱：「凡養老，有虞氏以燕禮，夏后氏以饗禮，殷人以食禮，周人脩而兼用之。」又云：「有虞氏皇而祭，深衣而養老；夏后氏收而祭，燕衣而養老；殷人冔而祭，縞衣而養老；周人冕而祭，玄衣而養老。」祭義則說：「……食三老五更於大學，天子袒而割牲，執醬而饋，執爵而酳，冕而揔干，所以敎諸侯之弟也。是故鄉里有齒而老道不遺，強不犯弱，衆不暴寡，此由大學來者也。」又內則說：「凡養老，五帝憲，三王有乞言。五帝憲，養氣體而不乞言，有善則記之，爲惇史；三王亦憲，旣養老而后乞言，亦微其禮，皆有惇史。」另尙書大傳稱：「文王之治政也，五十者杖於家，六十者杖於鄉，七十者杖於國，八十者杖於朝；……九十杖而朝，……君如有問焉，明日就其室，以珍從。」要之，三王四代養老，不論以何種禮，其目的不外乎「憲」與「乞言」；所謂「憲」，是法其德行，而「乞言」則是求其彝訓，皆屬敬老尊賢，以老爲師。

接着要談的，乃是此一時期大學的課程。前文引文王世子所說的：「凡三王敎世子，必以禮樂。」

及王制：「樂正崇四術，立四教，順先王詩書禮樂以造士。」是在說明虞、夏、商三代大學教科的演進，虞、夏僅有禮、樂，詩坿於樂，而無書；至殷，書列入課程，尚書：「惟爾知，惟殷先人有册有典，殷革夏命。」（多士）於是，始有「四術」、「四教」。殷代大學課程既備詩書禮樂四教，除下文繼稱「春秋教以禮樂，冬夏教以詩書」，及書傳所言「見大節，踐大義」，略述其編排的原則外，學記又詳論其學習的過程說：「比年入學，中年考校，一年視離經辨志，三年視敬業樂羣，五年視博習親師，七年視論學取友，謂之小成；九年知類通達，強立而不反，謂之大成。夫然後足以化民易俗，近者說服而遠者懷之；此大學之道也。」學記之文雖甚詳盡，但有一點不易明白，即九年的學程是專指大學而言，抑或包括小學在內？如就書傳周傳「十有三年始入小學，年二十入大學」，小學修業年限為七年，而七年「小成」，似指小學學程告一段落，因之九年的學程自應包括小學在內；否則大學九年的學程在當時未免太長。但若從略說「餘子十五始入小學，十八入大學」之說，餘子（鄉人同）因有「農功」，且入小學較晚，入大學較早，則九年「大成」亦可能全為大學的學程。究以何者為是，孔疏雖以為「……下文云一年視離經辨志以下，皆謂國學，亦非也」。然資料不足，不敢臆斷。

到了周代，大學教科的名稱較前為多且細，據周禮：「大司樂……以樂德教國子，中、和、祇、庸、孝、友；以樂語教國子，興、道、諷、誦、言、語；以樂舞教國子，舞雲門、大卷、大咸、大磬、大夏、大濩、大武。」及文王世子：「凡學（教）世子及學士必時，春夏學干戈，秋冬學羽籥；皆於東序。小樂正學干，大胥贊之，籥師學戈，籥師承贊之，胥鼓南。春誦夏弦，大師詔之瞽宗；秋學禮，執禮者詔之，多讀書，典書者詔之，禮在瞽宗，書在上庠。」又：「凡祭與養老、乞言、合語之禮，皆小樂正詔之於東序。大樂正學（教）舞干戚，語說、命乞言，皆大樂正授教，大司成論說，在東序。」周代大學教科分門別類之細，可由樂有樂德、樂語與樂舞，而知其概；然要而言之，仍不出詩、書、禮、樂的範圍。

關於此一時期的大學教育，最後要討論的是其教師。學記有言：「古之王者建國君民，教學爲先。」又引舊記說：「三王四代，唯其師也。」原來我國古代政教不分，官師合一，治民之官亦卽教民之師，故由孟子所引泰誓之言：「天降下民，作之君，作之師。」與學記所謂：「能爲師然後能爲長，能爲長然後能爲君。」不難看出古代教師由君及父兼攝的痕迹。後來，時代進化，人事日繁，教師遂與君、父分職，尙書載舜命契爲司徒，夔典樂，（引見前）爲我國有職司教育專官之始；然契所教的爲成人（百姓），夔教稚子（冑子），尙不得稱爲大學教師。

夏商以後，學制漸備，學校既有國學與鄉學之分，而國學又有大學與小學之別，大學教師遂成專職。然而，由於其時學校的主要功能爲養老，因之三代的大學教師多係「國老」之流擔任。所謂「國老」，皆年老更事而致仕的政府官員，故又有三老、五更之稱。至三老五更係各爲一人，或三老三人、五更五人，則不可考。要之，古代「官學事師」（見曲禮），政府官員均仕學俱優，有如孔子所說的「昔商老彭及仲傀，政之教大夫，官之教士，杖之教庶人」，（大戴禮虞戴德篇）故致仕之後，都由天子養於大學，以教國子，卽祭義所云：「天子食三老五更於大學。」除此而外，殷代教育尙有專官：父師、少師之名，見於商書微子篇；大小樂正、大小胥，見於小戴禮記王制；而曲禮下更以司徒爲五官❺之首；又司徒論選士，司馬論進士，大學正論造士，（引見前）則爲殷代選士之制。上述諸學官，多數爲大學教師（如樂正與胥），間主管教育行政（如司徒）。

❺ 小戴禮曲禮下：「天子五官，曰司徒、司馬、司空、司士、司寇；典司五衆。」

到了周代，學官更多，禮運言：「三公在朝，三老在學。」三老爲師，說已見前；至三公是否爲師，頗難定論，僅大戴禮保傅篇述「成王幼在襁褓之中，召公爲太保，周公爲太傅，太公爲太師」，於是「三公」太保、太傅、太師，與「三少」少保、少傅、少師，遂均爲世子之師。然小戴禮文王世子篇亦謂：「凡三王敎世子，……太傅在前，少傅在後，入則有保，出則有傅；……保保其身體，傅傅其德義，師導之敎訓。」另證之於「師尙父（卽太公）奉丹書，請武王東面而立，乃西面道書之言」，（見學記鄭注）⑥「周公攝政，抗世子法於伯禽；成王有過，則撻伯禽」，（見文王世子）及「……帝入太學（辟雍），承師問道；太傅罰其不則」，（見保傅篇）則三公爲師，亦不無可能。又據周禮及文王世子，王朝大學分五堂：中辟雍，天子自學處，東西南北四學，敎國子、世子及學士；而學官則有大司樂、大師、大樂正、小樂正、大司成、大胥、小胥、籥師、籥師丞、胥、旄人、執禮者，典書者等。（均引見前）其餘非大學的敎師尙多，不備述。

⑥ 學記本文：「大學之禮，雖詔於天子無北面，所以尊師也。」

叁、先秦私學時期

春秋戰國之世，乃是我國歷史上政治、經濟、社會與文化各方面變動最劇烈的時期；也是我國歷史上思想最自由、學術成就最輝煌的時期。相對的、在教育上所呈現的，則是一個官學廢而私學代與，同時養士之風盛行的情勢。在此情勢下，對於此一時期有關教育設施的探究，私學的重要性固遠過於官學，而傳統學校教育選拔人才的功能，亦多由養士的作用所取代。不過、一方面由於時間久遠，文獻難徵，另一方面也由於私人講學，鮮有制度可言，而傳聞之辭又不可盡信，故而關於此一時期大學教育的敍說，不得不以儒家（孔子及其後學）的教學事蹟爲代表，並以養士的概況代替一般教育設施的介紹。

一、社會文化背景

就作爲教育的背景而言，在中國歷史上，沒有任何一個時期的政治、經濟、社會與文化各方面的變動，像此一時期那樣巨大而快速；幾乎所有此一時期的各種變動，均是劃時代的。因之、其影響及於教育的，也是空前而無與倫比。首先、談到政治方面。春秋戰國之世，是我國歷史上空前未有的大變局；實行了一千餘年的封建制度，已漸形崩潰，而代之以一個羣雄並起，割據爭霸的局面。在此局面下，天子無權，諸侯互相征伐；大併小，強淩弱；戰爭連年，兵革不休。論語與孟子書中，關於這種情勢的評述頗多，如孔子曾感慨地說，「祿之去公室，五世矣；政逮於大夫、四世矣。」（論語季氏）又嘗議論說：「天下有道，則禮樂征伐自天子出；天下無道，則禮樂征伐自諸侯出。」（同上）而孟子則更直率的批評說：「爭地以戰，殺人盈野；爭城以戰，殺人盈城。此所謂率土地而食人肉，罪不容於死。」（孟子離婁上）由此不難看出那個時期的政治狀況，是多麼的紊亂，因而直接刺激了「務爲治」的諸子百家之學的興起，簡接亦影響到當時教育的型態與內容。其次，在社會方面，隨着封建制度的崩潰，是人倫的敗壞與道德的墮落，孟子曾因此大聲疾呼說：「世衰道微，邪說暴行有作，臣弒其君者有之，子弒其父者亦有之。」（滕文公下）原來在政治的封建制度之下，尙有一個家族的宗法制度與之配合；而此一宗法制度，則有賴於倫理與道德的力量以爲維繫。然而，這種倫理與道德的維繫力量，首先便爲天下觀瞻所矚的共主平王所破壞了，因而上行下效，終於淪落到如孟子所說的「臣弒其君，子弒其父」的地步。此外、貴族階級的消滅，境內異族的同化，大都市的興起，工商業的發達，交通的進步、人口的流動、工具的發明等，這些社會方面的重大改變，在在均有影響於教育的發展。接着、談到經濟方面。此一時期由於戰爭的需要及供生活的享受，諸侯多橫征暴斂，搾取民財，而人民遂日益水深火熱，生活困苦。論語與孟子關於此類情況的紀載甚多，論語：「哀公問於有若曰：『年飢，用不足，如之何？』有若對曰：『盍徹乎？』曰：『二、吾猶不足，如之何其徹也。』」（顏淵）孟子：「庖有肥肉，廐有肥馬，民有飢色，野有餓莩，此率獸而食人也。」（梁惠王上）又：「今也制民之產，仰不足以事父母，俯不足以畜妻子，樂歲終身苦，凶年不免於死亡。」（同上）同時由於井田制的破壞，工商業與盛，社會貧富不均，土地兼併盛行，有如漢書食貨志所謂「及周室衰，……士庶人莫不離制而棄本；稼穡之民少，商賈之民多。……富者土木被文飾，犬馬餘肉粟。」及「壞井田，開阡陌，……王制遂滅，僭差無度，富人之富累萬金。」故凶年饑歲，免不了要發生像孟子所說的「民之老弱轉乎溝壑，壯者散而之四方」的現象。

至於在影響教育最大的文化方面，乃是養士之風盛行與諸子百家之學的勃興。有關養士的風氣及其實況，留待下節（一般教育概況）討論，此處暫且不說，這裏僅先就諸子百家之學勃興的原因及其學問略爲敍述。談到諸子之學勃興的原因，史記自序引「論六家要旨」所言「易大傳：『天下一致而百慮，同歸而殊塗。』夫陰陽、儒、墨、名、法、道德，此務爲治者也；直所從言之異路，有省有不省耳」。所謂「務爲治」，最能道出個中消息。近人亦有持相同見解的，如胡適認爲「那時政治那樣黑暗，社會那樣紛亂，貧富那樣不均，民生那樣痛苦；有了這種情勢，自然會生出種種思想的反動。」（中國古代哲學史）都是覺得那個時代，變動最爲劇烈，所產生的各種問題亦最多，而諸子均是對於當時的情況思有以挽救的，於是各自提出自己的主張，故「百家爭鳴」與「處士橫議」的諸子之學遂因以勃興。從學術的觀點來看，各家（諸子）的學說（主張）雖不相同，但這僅是手段或方式的不同，而不是目的的不同；大家（諸子百家）共同的目的祇有一個，那就是救世，也就是所謂的「務爲治」。由此看來，先秦諸子之學勃興的原因，乃是諸子對於那個時代的思想反應，各自提出解決當時各種問題的方案，因而形成了後世所謂的諸子之學。

諸子百家之學既已形成，於是析論其源流與學派之論說亦隨之而興；就中以莊子天下篇爲最早，漢書藝文志最稱完備，其餘司馬談論六家要旨、劉歆七略等，亦各有所見。玆略舉漢志「九流十家」之說，俾明其概：

儒家者流，蓋出於司徒之官；助人君順陰陽、明敎化者也。游文於六藝之中，留意於仁義之際；祖述堯舜，憲章文武，宗師仲尼，以重其名，於道爲最高。孔子曰：「如有所譽，其有所試。」唐虞之隆，殷周之盛，仲尼之業已試之效者也。然惑者既失精微，而辟者又隨時抑揚，遠離道本，苟以譁衆取寵，後進循之，是以五經乖析，儒學寖衰，此辟儒之患。

道家者流，蓋出於史官；歷記成敗存亡禍福古今之道，然後知秉要執本，清虛以自守，卑弱以自持，此人君南面之術也。合於堯舜之克讓、易之謙謙，一謙而四益，此其所長也。及放者爲之，則欲絕去禮學，兼棄仁義，曰獨任清虛，可以爲治。

陰陽家者流，蓋出於羲和之官；敬順昊天，曆象日月星辰，敬授人時，此其所長也。及拘者爲之，則牽於禁忌，泥於小數，舍人事而任鬼神。

法家者流，蓋出於理官；信賞必罰，以輔禮治，易曰：「先王以明罰飭法。」此其所長也。及刻者爲之，則無敎化，去仁愛，專任刑罰，而欲以致治，至於殘害至親，傷恩薄厚。

名家者流，蓋出於禮官；古者名位不同，禮而異數，孔子曰：「必也正名乎；名不正，則言不順；言不順，則事不成。」此其所長也。及激者爲之，則苟鉤鈲析亂而已。

墨家者流，蓋出於清廟之守；茅屋采椽，是以貴儉，養三老五更，是以兼愛，選士大射，是以上賢，宗祀嚴父，是以右鬼，順四時而行，是以非命，以孝視天下，是以尙同，此其所長也。及蔽者爲之，見儉之利，因以非禮，推兼愛之意，而不知別親疏。

縱橫家者流，蓋出於行人之官；孔子曰：「誦詩三百，使於四方，不能專對，亦奚以爲？」又曰：「使乎！使乎！」言其當權事制宜，受命而不辭，此其所長也。及邪人爲之，則上詐諼而背棄其信。

雜家者流，蓋出於議官；兼儒墨，合道法，知國體之有此，見王治之無不貫，此其所長也。及盪者爲之，則漫羨而無所歸心。

農家者流，蓋出於農稷之官；播百穀，勸農時，以足衣食。故八政一曰食，二曰貨，孔子曰：「所重民食。」此其所長也。及鄙者爲之，以爲無所事聖王，欲使君臣並耕，悖上下之序。

小說家者流，蓋出於稗官；街頭巷議道聽塗說者之所造也。孔子曰：「雖小道，必有可觀者焉；致遠恐泥。」是以君子非爲也；然亦弗滅也。閭巷小知者之所及，亦使綴而不忘，如或一言可采，此亦芻蕘狂夫之議也。

右係漢志關於各家思想的淵源及其學說的長短得失的論述，尙稱簡要而平實。各家之下，另有著錄書目，不贅。繼此之後，班固並表示其個人的意見說：「諸子十家，其可觀者，九家而已。皆起於王道既微，諸侯力征，時君世主好惡殊方，是以九家之術，蠭起並作，各引一端，崇其所善，以此馳說，取合諸侯。其言雖殊，譬猶水火，相滅亦相生也；仁之與義，敬之與和，相反而皆相成也。……仲尼有言：「禮失而求諸野。」方今去聖久遠，道術缺廢，無所更索，彼九家者，不猶瘉於野乎！若能修六藝之術，而觀此九家之言，舍短取長，則可以通萬方之略矣。」看了這段文字，雖不能說「可以通萬方之略」，但對於先秦時期的文化背景，當有一個概略的認識。

二、一般教育概況

以春秋戰國之世與前此的三代相比較，說此一時期的教育情況是「官學廢而私學興」，大致相去不遠。因爲在西周以前，我國的政治與社會結構，一般是「政教不分，官師合一」的，卽所謂的「學在王官」；但自平王東遷以後，王官失守，疇人四散，官師合一的制度遂爲蠭起並作的私學所取代，於是官學廢而私學興了。左傳所載：「昭公十七年，仲尼曰：『天子失官，學在四夷。』」卽是指此而言。然而，官學雖說「廢」而實未盡廢，如衞文公常「敬教勸學」，（見左傳閔二年），魯僖公亦曾「修建泮宮」，（見毛詩魯頌泮水序）、而鄭子產「不毀鄉校」，（見左傳襄三十一年）尚可略見三代學制的遺風。又史記田完世家稱：「宣王喜文學遊說之士，自如騶衍、淳于髡、田駢、接子、愼到、環淵之徒七十六人，皆賜列第爲上大夫，不治而議論；齊稷下學士復盛，且數百千人。」孟荀列傳載：「齊尙修列大夫之缺，而荀卿三爲祭酒焉。」劉向別錄亦云：「齊有稷門，齊之城西門也；外有學堂，卽齊宣王所立學宮也，故稱爲稷下之學。」足證戰國之末，仍有官學存在。或以稷下之學乃養士之所，亦可備一說。至於說到私學「興」，則又缺乏完整的制度可資考訂。史記雖有孔子弟子三千，身通六藝者七十有七人的記述，（仲尼弟子列傳）其餘則一無所悉。後世傳聞之詞固多，卻難以盡信。以此，關於此一時期一般教育設施的敍說，極爲不易，更遑論其中何者爲大學教育了。不得已姑以養士的大略情形當作此一時期的一般教育概況來說明，而大學教育設施則以私人講學的事蹟爲代表。如此安排，雖或未盡妥當，然除此實亦難有更好的處理。

談到春秋戰國時期養士的風氣，其興起與盛行當不外其時諸侯卿相欲圖富國強兵而爭相羅致的結果。蘇子瞻六國論說：「春秋之末，至於戰國，諸侯卿相皆爭相養士自謀；……」可謂一針見血之論。當時養士的人數極爲衆多，六國論稱：「……自謀夫說客，談天雕龍，堅白異同之流，下至擊劍扛鼎、鷄鳴狗盜之徒，莫不賓禮，靡衣玉食以館於上者，不可勝數；越王勾踐有君子六千人，魏無忌、齊田文、趙勝、黃歇、呂不韋皆有客三千人，而田文招致任俠姦人六萬家於薛，齊稷下談者亦千人，魏文侯、燕昭王、太子丹皆致客無數，……其見於傳記者如此，度其餘當倍於官吏而半於農夫也。」史記亦載：「魏楚齊趙四公子皆下士喜賓客以相傾，呂不韋以秦之強，羞不如，亦招士，厚遇之，至食客三千人。」所列數字容或誇大，然勝況亦不難相見。儘管這些爲數衆多的賓客（士），品流至爲不齊，自「謀夫說客，談天雕龍，堅白同異之流，下至擊劍扛鼎、鷄鳴狗盜之徒」，均在羅致之列，然諸侯卿相對於他們莫不予以相當的禮遇。茲略舉數者，以概其餘：

魏文侯受子夏經藝，客段干木，過其閭，未嘗不軾也。（史記魏世家）

騶衍重於齊，適梁，梁惠王郊迎，執賓主之禮；適趙，平原君側行襒席；如燕，昭王擁彗先驅，請列弟子之座而受業，築碣石宮，身親往師之。（同右孟荀列傳）

孟嘗君客無所擇，皆善遇之，人人各自以爲孟嘗君親己。（同右孟嘗君列傳）

他日，王謂時子曰：「我欲中國而授孟子室，養弟子以萬鍾，使諸侯大夫國人皆有所矜式，子盍爲我言之。」（孟子公孫丑下）

此外如春申君門下「珠履三千」，信陵君「不耻下交」，以及平原君「愛士賤色」，皆爲禮賢下士的明證，不勝枚舉。

諸侯卿相對於賓客（士）既如此的禮遇，因而賓客於諸侯卿相亦有所囘報；上焉者以仁義道德或富國強兵之道進說諸侯國君，如：

孟子見梁惠王，王曰：「叟，不遠千里而來，亦將有以利吾國乎？」孟子對曰：「王何必曰利，亦有仁義而已矣。」（孟子梁惠王上）

臣之所道，仁人之兵，王者之志也；……君之所貴，諸侯之事也。（荀子議兵篇）

彼仁者愛人，愛人，故惡人之害之也；義者循理，循理，故惡人之亂之也。彼兵者，所以禁暴除害也，非爭奪也。故仁人之兵，所存者神，所過者化，若時雨之降，莫不悅喜。（同右）

騶衍睹有國者益謠侈，不能尙德，若大雅整之於身施及黎庶矣，乃深觀陰陽消息，而作怪迂之變，終始，大聖之篇十餘萬言；其語閎大不經，……其術皆此類也。然要其歸，必止乎仁義節儉君臣上下六親之施。（史記孟荀列傳）

其餘如稷下諸先生著書立說，多言安危治亂之事，亦如此類。至於下焉者，載於史乘的，則有鷄鳴狗盜之徒，拔孟嘗君於秦難；馮煖焚券市義，遊說齊秦，爲孟嘗君復得勢位；毛遂以三寸之舌，使趙重於九鼎大呂；朱亥以市井屠夫，椎殺晉鄙公子，使信陵君得將兵解邯鄲之困；呂不韋使客人人自著所聞，集論以爲八覽六論十二紀，號稱呂代春秋；……不一而足，均是賓客囘報的具體事蹟。

由右所述，可以發現春秋戰國之世的養士風氣，雖不能完全取代教育的功能，以盡其培植人才的責任，然而在選拔人才方面，卻也發揮了一部分服務社會與安定社會的作用。設若當時的人才沒有這樣一條出路，則春秋戰國又是甚麼樣的一個局面，實在很難以斷言。準此以論，蘇子瞻在六國論中所說的「夫智勇辯力，此四者皆天命之秀傑者也，類不能惡衣食以養人，皆役人以自養者也。故先王分天下之富貴，與此四者共之。此四者不失職，則民靖矣。四者雖異，先王因俗設法，使出於一。三代以上出於學，戰國至秦出於客，漢以後出於郡縣，魏晉以來出於九品中正，隋唐至今出於科學；雖不盡然，取其多者論之。」及「吾考之世變，知六國之所以久存而秦之所以速亡者，蓋出於此，不可不察也。……六國之君，虐用其民，不減始皇二世，然當是時百姓無一人叛者，以凡民之秀傑者，多以客養之不失職也。」頗有其切合事理的見解。養士風氣既反映了一部分的時代精神，故以之來說明當時的一般教育概況，也就不致不切合實際了。

三、大學教育設施

養士風氣與私人講學，可說是春秋戰國時期兩項最重要的教育活動；前者發揮了選拔人才的功能，而後者則盡其培育人才的責任。唯私人講學，未必盡屬大學教育的範疇。然就孔子講學的事業而論，孔門弟子三千，身通六藝者七十餘人，是則其中部分爲大學的程度，應無可疑。以下即以孔子私人講學的事蹟爲主要代表，來說明此一時期的大學教育設施。

春秋戰國時期私人講學，不限於儒家；而孔子亦非私人講學之最早者。但孔子的弟子最多，對當時及後世的影響最大，並且其事蹟最爲後世所稱道與景仰，則爲不爭的事實。有關孔子對於我國教育的影響及後人對於孔子的推崇與讚佩，幾乎家喻戶曉，莫不耳熟能詳、無待臚述。至若談到孔子的教育事業對於當時的影響，則可以近人的一段話作爲代表，「以六藝教人，或不始於孔子，但以六藝敎一般人，使六藝民衆化，實始於孔子。……因孔子以前，在較可靠的書內，吾人未聞有人曾經大規模的號召許多學生而教育之，更未聞『有教無類』之說。」（迭名「中國哲學史」）由此看來，「有教無類」可說是孔子對於中國教育最偉大的貢獻。原來我國古代的教育，在西周以前均具有階級性，一般平民接受教育的機會極少；但自孔子「有教無類」，以「六藝」教人，並且收取「束修」，中國的教育始普遍開放給平民，而教學也逐漸成爲社會中的行業之一。當時已有人推崇孔子此種功績，如荀子大略篇稱：「子贛季路，故鄙人也；被文學，服禮義，爲天下列士。」又呂氏春秋尊師篇載：「子張，魯之鄙家也；顏涿聚，梁父之大盜也；學於孔子。」而孔子亦自謂「自行束修以上，吾未嘗無誨焉」。（論語述而）這在教育普及的今天，也許沒有甚麼稀奇，然而，孔子的時代距今逾二千五百多年，中國便已有了「教育民主化」與「教學專業化」的趨向，不能說不是了不起的成就。難怪後人要讚誦孔子說：「天不生仲尼，萬古如長夜。」並尊奉孔子爲「至聖先師」，將他的生日訂爲教師節，以紀念這位人類有史以來最偉大與不朽的教師。

接着談到孔子講學的本身。關於孔子當年講學的事蹟，後世紀述極多，然類多不十分可靠；姑以史記爲例，太史公說：「孔子葬魯城北泗上；……魯世世相傳以歲時奉祠孔子冢，而諸儒亦講禮鄉飲大射於孔子冢。孔子冢大一頃；故所居堂內，後世因廟藏孔子衣冠琴書車。至於漢，二百餘年不絕。」（孔子世家）似乎孔子當年講學，設有後世所謂的「講堂」。又據後漢書：「十五年二月庚子，東巡狩……三月，徵瑯玡王京會良成，徵東平王蒼會陽都，又徵廣陵侯及其三弟會魯，祠東海恭王陵，還幸孔子宅，祠仲尼及七十二弟子。親御講堂，命皇太子諸王說經。」（明帝紀）「祭彤字次孫，……從東巡狩，過魯坐孔子講堂，顧指子路室，謂左右曰：『此太僕之室，太僕，吾之禦侮也。』」（本傳）是在「講堂」之外，又有「子路室」，即所謂的「弟子內」。但這些是否爲孔子當年講學的設置，難以斷定。唯玉海引九域志稱：「鄆州古講堂，孔子爲中都宰，於此堂教授；兗州有孔子學堂書臺。」宋王應麟說：「古者爲堂，自半已前虛之，謂堂；半以後實之，爲室。堂者，當也，謂當正向陽之屋。」（見玉海）是則孔子所住過的當正向陽之屋的前一半，既都是堂，便也都可以稱爲是講學的「講堂」了。也許這個問題並不重要，重要的是孔子講學的實際情況。有謂孔子的講學事業、始於十七歲，如史記稱：「孔子年十七，孟釐子卒；懿子及南宮敬叔往學禮焉。」（孔子世家）崔述洙泗考信錄曾亟陳其謬；❶又史記謂「孔子以詩書禮樂敎弟子蓋三千焉，身通文藝者七十有二人」。（世家）東壁亦據孟子「七十子」之說，力主「必後人之奢言」。❷其實孔子講學數十年，雖不始於十七歲，但門人弟子當不止七十人；至孟子言「七十」，亦概舉其登堂入室者的略數，實不能據以斷定三千之數爲「奢言」。以此，史記之言固未可全信，然亦不可謂其全不可信。

其次、進一步要探究的，是孔子如何敎這些學生？以及敎他們些甚麼？這便涉及到今日敎育上所謂的敎材、敎法、以及學校的組織等問題了。當然，孔子的時代沒有像今天這樣的敎育理論與制度，並且孔子當年講學，其敎材的選擇、敎法的運用，又必定與學生的編組有相互配合與彼此協調的關係，難於以今天的觀點或型態來比擬、推測；唯有在討論到有與當前的情形類似的問題時，以今天的理論與制度與之比較，作一說明，以爲認識與了解的幫助，絕不是說孔子當年講學就像今天這個樣子。事實上，孔子當年講學，一個人敎那麼多的學生，既沒有今天班級的敎學型態，那麼，在敎學時採取分組的與討論的方式，以及以年長的或程度高的學生輔導年幼的與程度低的學生，不僅有此可能，甚至可說是情勢之所必然。這從論語一書中的記載，可以得到證明：「子以四敎，文、行、忠、信」；（述而）「德行：顏淵、閔子騫、冉伯牛、仲弓；言語：宰我、子貢；政事：冉求、季路；文學：子游、子夏」。（先進）由此亦可看出，孔子當年講學，在課程的分類與學生的專長方面，有所謂四科與四敎之分；而此二者之間，又有相互依存的關係，卽德行是行，言語屬信，政事爲信，文學是文。儘管那時候沒有像今天大學

❶ 詳參崔述，洙泗考信錄，卷一，高雄，啓聖，六十一年。頁一八。
❷ 同上書，卷四，頁二七。

中院系的區分，但說孔子以不同的課程與敎材來敎導學生，而學生亦各有專長與成就，應有可能，而亦可信。同時由此亦不難推知，孔子對於學生的個別差異，有相當正確的認識，並且能夠因材施敎，以爲適應。在認識學生的個別差異方面，孔子平日對於學生的觀察極爲精確，而批評更是中肯，據論語載：

子貢問師與商也孰賢，子曰：「師也過，商也不及。」（先進）

柴也愚，參也魯，師也辟，由也喭。（同右）

閔子侍側，誾誾如也；子路，行行如也；冉有子貢，侃侃如也；子樂。「若由也，不得其死然。」（同右）

子曰：「回也其庶乎！屢空；賜不受命而貨殖焉，億則屢中。」（同右）

子曰：「棖也慾，焉得剛。」（公冶長）

由於孔子對於學生的個性有澈底的認識與了解，故而孔子對於學生，均能因材施敎，以爲適應，如下一段記載：「子路問聞斯行諸，子曰：『有父兄在，如之何其聞斯行諸。』冉有問聞斯行諸，子曰：『聞斯行之。』公西華曰：『由也問聞斯行諸，子曰有父兄在；求也問聞斯行諸，子曰聞斯行之；赤也惑，敢問？』子曰：『求也退，故進之；由也兼人，故退之。』」（先進）乃是孔子敎人「因材施敎」的典型例證。其他如弟子問「仁」與問「孝」，問同而答各異，亦是孔子因材施敎以適應個性差異的方法的應用。論語中有關這類的例子極多，文繁不具引。

也許在孔子運用的敎法中，最有創意的是以年長或程度高的學生，輔導年幼的與程度低的學生，據論語載：「子曰：『參乎！吾道一以貫之。』曾子曰：『唯。』子出，門人問曰：『何謂也？』曾子曰：『夫子之道，忠恕而已矣。』」（里仁）由此推論，在當年孔子的學生中，應有「門人」與「弟子」之分，而「弟子」又有「登堂」與「入室」之別。曾子是孔子的傳人，當然是「入室」的「弟子」；其餘問曾子的，則是「門人」。至於「登堂」的「弟子」，子路顯然的是其代表，孔子嘗如此批評子路說：「由也升堂矣，未入於室也。」（先進）可爲證明。

在教學方法方面，除了右述的「因材施教」，俾適應個性，以及「高第以次相傳」而外，孔子常用的教法尙多；擇要而言，問答與討論的方法，應用最爲廣泛。玆略擧數例：

子貢問政，子曰：「足食、足兵，民信之矣。」子貢曰：「必不得已而去，於斯三者何先？」曰：「去兵。」子貢曰：「必不得已而去，於斯二者何先？」曰：「去食；自古皆有死，民無信不立。」（顏淵）

子路問君子，子曰：「修己以敬。」曰：「如斯而已乎？」曰：「修己以安人。」曰：「如斯而已乎？」曰：「修己以安百姓。」（憲問）

子適衞，冉有僕；子曰：「庶矣哉！」冉有曰：「既庶矣，又何加焉？」子曰：「富之。」曰：「既富矣，又何加焉？」曰：「敎之。」（子路）

子謂子貢曰：「女與回也孰愈？」對曰：「賜也何敢望回；回也聞一以知十，賜也聞一以知二。」子曰：「弗如也：吾與女，弗如也。」（公冶長）

這些都是孔子與學生問答與討論的例證：論語中有關這類的記述極多，不勝枚擧。要之，孔子最喜歡以問答與討論的方法敎導學生，並以此自豪，如嘗說：「吾有知乎哉？無知也。有鄙夫問於我，空空如也；我叩其兩端而竭焉！」（子罕）其觀念與態度，幾與希臘最偉大的敎師蘇格拉底（Socrates）不謀而合。事實上，論語這部書本來就是孔子「應答弟子時人，及弟子相與言而接聞於夫子之語也」，（漢書藝文志）故而關於此類記載最詳。

此外，孔子教導學生，又注重啓發誘導，必先誘導學生使有學習的動機與需要，然後再啓發他；也就是居於輔導的地位，決不用注入式的方法，強勉學生被動的學習。論語載：「子曰：『不憤不啓，不悱不發；擧一隅不以三隅反，則不復也。』」（述而）今天我們都知道，學習須以學生爲活動的中心，敎師僅居於輔導的地位，啓發並誘導學生去學習，始有效果；否則，如果學生的學習能力有限，「擧一隅而不以三隅反」，卽使強勉他去學習，其效果一定也不會好。孔子在二千多年以前便有此認識，難怪他知道運用此種方法敎育學生。

以上均是實際敎學方法的應用，另在原理原則方面，孔子亦曾表示了一些他的意見或提出其主張，如說：「知之者不如好之者，好之者不如樂之者。」（雍也）「學如不及，猶恐失之。」（泰伯）「我非生而知之者，好古敏以求之者也。」（述而）是主張爲學當興趣與努力並重；又如他說：「學而不思則罔，思而不學則殆。」（爲政）是認爲求學要學思同時用功，不可偏廢；而其所說的「君子博學於文，約之以禮，亦可以弗畔矣夫」！則顯然是主張做學問是旣當求博，也應守約。其餘如知與行要並重，溫故以知新，以及爲學當有次序，不可躐等，並須有恒與擇友等，以其已涉及孔子的敎育思想的範圍，而本書的目的，不在於介紹孔子的敎育思想體系，故凡與孔子敎育思想有關的部分，如論敎育目的、品德修養，以及學習的理論等，皆略而不述。

以上已將孔子當年講學「如何敎」的部分討論過了；下面要談的是「敎甚麼」的問題。關於孔子當年講學敎學生甚麼，前面曾經提到孔門的「四科」與「四敎」，以及史記所說的「孔子以詩書禮樂敎」，事實上這些就是今天敎育上所謂的課程與敎材。不過，那時候沒有像今天大學中這樣的院系組織，我們不能以今天的眼光來衡量孔子當年用甚麼課程與敎材來敎導他的學生；更不宜牽強附會、妄加猜測，強不知以爲知，那就去孔子「知之爲知之，不知爲不知」的境界太遠了。大致地說，所謂「四敎」，是指課程的分類，而「四科」則爲弟子的專長，二者相互配合，卽德行是行，言語屬信，政事是忠，文學爲文；至於敎材，論語中所記述的，均是孔子當年敎導學生所用的敎材的紀錄，就中以詩書禮樂爲多。當然，論語的記載是既乏體系，甚至並不完備，但今天我們唯有根據這一本書來探究。以下分別就「四敎」或「四科」與「六藝」等名目，略述孔子敎學所用的課程與敎材。

四科之中，孔子所最重視的是「行」（德行），如說：「弟子入則孝，出則弟，謹而信，汎愛衆，而親仁；行有餘力，則以學文。」（學而）孔子其所以重視德行，一方面固與中國文化的傳統有關，一方面也可說是他個人敎育的理想使然。就前者而言，我國上古時期的敎育，其主要內容均偏重於德行的方面，如周禮大司徒「以鄉三物敎萬民而賓與之：一曰六德，知、仁、信、義、忠、和；二曰六行，孝、友、睦、淵、任、恤；三曰六藝，禮、樂、射、御、書、數。」所謂六德、六行，均是屬於德行方面的科目。就後者來說，孔子敎育的理想，一貫是以完成道德的人格爲敎育的最高標的，如說：「志於道，據於德，依於仁，遊於藝。」（述而）志道、據德、依仁、遊藝四者之中，三項都是屬於德行方面的，而與道德的實踐有關。孔子平日敎人，多勉人「見賢思齊」，「擇善而從」，俾完成道德的人格。孔子說：

見賢思齊焉，見不賢而內自省也。（里仁）

三人行，必有我師焉；擇其善者而從之，其不善者而改之。（述而）

不過，這裏有須加以說明的，乃孔子思想體系的中心概念爲仁；仁是孔子集唐虞三代相傳的倫理觀念而建立的道德哲學體系，其涵義極爲廣泛，舉凡我國一切重要的德目，幾莫不可涵蓋於仁的概念之中。❸以是，孔子理想中道德人格的完成，主要在於仁德的實踐，能實踐仁德，便是道德人格的完成。有關仁德的詳盡內容及其實踐的途徑，以其屬於教育思想的領域，此處不詳論。

其次，「忠」（政事）、「信」（語言）二者，在課程方面雖然科別不同，但論語書中卻經常同時並舉，如：

子曰：「十室之邑，必有忠信如丘者焉；……」（公冶長）

子曰：「……主忠信，無友不如己者，過則勿憚改。」（學而）

子張問崇德辨惑，子曰：「主忠信，徙義崇德也。」（顏淵）

子張問行，子曰：「言忠信，行篤敬，雖蠻貊之邦行矣；言不忠信，行不篤敬，雖州里行乎哉！」（衛靈公）

曾子曰：「吾日三省吾身：爲人謀而不忠乎？與朋友交而不信乎？……」（學而）

忠信二字從字義上來解釋，忠是中心盡己之謂，信是誠實孚人的意思，朱子以爲「忠出乎內，信驗乎外；忠爲實心，信爲實事；未有忠而不由信，未有信而不出於忠者。忠信只是一件事，而相爲內外始終本末也。」忠信既是相爲表裏始終，是一件事，故政事與語言二者亦有相互連帶的關係；而孔子平日教人，更是常使此二者產生關聯，如說：「誦詩三百，授之以政，不達；使於四方，不能專對；雖多，亦奚以爲！」（子路）及「孟武伯問赤也何如，子曰：『赤也束帶立於朝，可使與賓客言也；……』」（公冶長）這是語言在政事方面的應用，即語言以達成政治的要求爲目的。又「子貢問政，子曰：『足

❸ 參見黃建中，中國哲學史講義，第二篇孔子及早期儒家，師大出版組。

食、足兵，民信之矣。』子貢曰：『必不得已而去，於斯三者何先？』曰：『去兵。』子貢曰：『必不得已而去，於斯二者何先？』曰：『去食；自古皆有死，民無信不立。』」（顏淵）及「子使漆雕開仕，對曰：『吾斯之未能信。』子說。」（公治長）則是政事須建立在信實的基礎上，缺乏信實，便無政事可言。至於忠信分別作用於政事與語言的，前者如「子張問政，子曰：『居之無倦，行之以忠。』」（顏淵）及「子張問曰：『令尹子文，三仕爲令尹，無喜色，三已之，無慍色；舊令尹之政，必以告新令尹，何如？』子曰：『忠矣。』」（公治長）「定公問君使臣，臣事君，如之何？孔子對曰：『君使臣以禮，臣事君以忠。』」（八佾）後者如「子曰：『片言可以折獄者，其由也歟！』子路無宿諾。」（顏淵）及「子曰：『君子耻其言而過其行。』」（憲問）均是孔子以忠信敎導學生的證明。

最後，談到「文」（文學）。所謂文，一般泛指詩書六藝之文，論語中所提到的：「博學於文，約之以禮」，與「行有餘力，則以學文」，都是指此而言。另論語中還有一段記載，尤足以顯示所謂文乃是於詩書六藝之文無所不學，論語載：「子貢問曰：『孔文子何以謂之文也？』子曰：『敏而好學，不耻下問，是以謂之文也。』」（公治長）當年孔門之中，子游子夏以文學著稱，論語中關於子游子夏博學於詩書六藝之文的記載極多（文繁不具引）；而子夏於孔子既歿之後，退居西河敎授，門人甚衆，後來漢儒所傳諸經，大都推源於子夏，更爲子夏博學於文的證明。然而，這並不是說孔門的課程，因重視文（禮文）而忽略了質（實質）；實際上孔子是一個文質並重的人，他曾如此說：「質勝文則野，文勝質則史；文質彬彬，然後君子。」（雍也）不僅如此，有的時候孔子甚至還強調質重於文，如說：「先進於禮樂，野人也，後進於禮樂，君子也；如用之，則吾從先進。」（先進）又云：「禮云禮云，玉帛云乎哉！樂云樂云，鐘鼓云乎哉！」（湯貨）及「子貢欲去告朔之餼羊，子曰：『賜也，汝愛其羊，我愛其禮。』」（八佾）論語中另外更有如此的記載：「棘成子曰：『君子質而已矣，何以文爲？』」（顏淵）這也許是當時社會過份徒具形式而少有內容的風習的一種反動，如老子的「反樸歸眞」的主張，並不足爲訓。衆所週知，孔子最重中道，其敎人的課程文質之間取得均平，應可想見而不必有所懷疑。又子夏在孔門以文學見長，其言亦可爲孔門課程非文勝於質作證，論語載：「子夏曰：『賢賢易色，事父母能竭其力，事君能致其身，與朋友交，言而有信，雖曰未學，吾必謂之學矣。』」（學而）及「子夏曰：『好學而篤志，切問而近思，仁亦在其中矣。』」（子張）均是其例。

孔門四科（四敎）的課程已略如右述，進一步要談到充實這些課程內容的敎材。同樣的，我們亦不能以今天的標準來衡量這個問題，祇能就其近似者言之。如前所述，「孔子以詩書禮樂敎弟子蓋三千焉，身通六藝者七十有二人」。（史記孔子世家）此處所謂的六藝，乃指詩、書、禮、樂、易、春秋而言，並非後世一般通稱的禮、樂、射、御、書、數六藝。一般而言，詩，所以道志，而以「溫柔敦厚」爲敎旨；書，所以道事，而以「疏通知遠」爲敎旨；禮，所以道行，而以「恭儉莊敬」爲敎旨；樂，所以道和，而以「廣博易良」爲敎旨；易，所以道陰陽，而以「潔靜精微」爲敎旨；春秋，所以道名分，而以「屬辭比事」爲敎旨。中國歷代大學皆以六經爲主要敎材，可說淵源有自。論語中有關孔子以六藝敎弟子之記載，不一而足；然似較偏重於詩、書、禮、樂。玆略引數則，以見一斑：

子曰：「興於詩，立於禮，成於樂。」（泰伯）

子路問成人，子曰：「若臧武仲之知，公綽子之不欲，卞莊子之勇，冉求之藝，文之以禮樂，亦可以爲成人矣。」（憲問）

子所雅言，詩書執禮，皆雅言也。（述而）

右係合而言之；至於分別而論，孔子之論詩教說：

詩三百，一言以蔽之，曰思無邪。（爲政）

不學詩，無以言。（季氏）

小子何莫學夫詩，詩可以言，可以觀，可以羣，可以怨；邇之事父，遠之事君；多識於鳥獸蟲魚之名。（陽貨）

子謂伯魚曰：「女爲周南召南矣乎？人而不爲周南召南，其猶正牆而立也與！」（同右）

詩敎溫柔敦厚，可以「正得失，動天地，感鬼神，莫近於詩；先王以是經夫婦，成孝敬，厚人倫，美敎化，移風俗」，（詩序）因此學者不可不學詩。

關於書敎，論語堯曰一篇，自堯舜以迄周初的嘉言善政，都攝要記述；大概孔子平日與弟子討論書敎的精華，均記載於這一篇內。此外，孔子平日與弟子講論，亦偶引書文，如：「書云：『孝乎惟孝，友於兄弟。』」及「書云：『高宗諒陰，三年不言。』」（憲問）等是。

孔子論禮敎嘗說：「恭而無禮則勞，愼而無禮則葸，勇而無禮則亂，直而無禮則絞。」（泰伯）恭、愼、勇、直，本是美德，但若沒有禮以爲規範，則生弊端，故孔子以禮爲行爲的節文，敎弟子當「克己復禮」，如「顏淵問仁，子曰：『克己復禮爲仁；一日克己復禮，天下歸仁焉。』顏淵曰：『請問其目。』子曰：『非禮勿視，非禮勿聽，非禮勿言，非禮勿動。』」（顏淵）又有子也說：「禮之用，和爲貴；先王之道斯爲美。小大由之，有所不行；知和而和，不以禮節之，亦不可行也。』」（學而）不僅如此，節文而外，禮還有本質，不可偏廢；甚至本質重於節文，學者亦不可不知，論語書中例證甚多：

子曰：「禮云禮云，玉帛云乎哉！」（陽貨）

林放問禮之本，子曰：「大哉問。禮，與其奢也，寧儉；喪，與其易也，寧戚。」（八佾）

子夏曰：「『巧笑倩兮，美目盼兮，素以爲絢兮！』何謂也？」子曰：「繪事後素。」曰：「禮乎？」子曰：「起予者商也，始可與言詩已矣。」（同右）

孔子論樂教則說：

……成於樂。（泰伯）

子謂魯太師曰：「樂其可知也；始作，翕如也；縱之，純如也，繹如也；以成。」（八佾）

……樂云樂云，鐘鼓云乎哉！（陽貨）

樂教的功用，在於怡養性情，因之孔子最重樂教，以爲教育的最高成就在於樂。論語中關於弟子習樂之事甚多，而孔子於曾點之「鼓瑟希，鏗爾；舍瑟而歌」，最爲稱道，有「吾與點也」（子罕）之譽；但對於子路的「北鄙之聲」，（說苑）則斥責說：「由之瑟，奚爲於丘之門！」（先進）孔子之善於樂教，由此亦不難看出。

至於易與春秋，論語中所言較少；或係此二者爲孔子晚年所致力之事，不及多舉以教弟子。如孔子嘗自謂：「加我數年，五十以學易，可以無大過矣。」（述而）史記亦有孔子晚年讀易，「韋編三絕」的紀載；又史記之敍孔子修春秋，有謂：「哀公十四年春，狩大野，叔孫氏車子鉏商獲獸，以爲不祥；仲尼視之曰：『麟也。……吾道窮矣！』乃因史記作春秋；上自隱公，下迄哀公十四年，舉十二公行事，據魯親周，繩之以文武之道，成一王之法。其文約，其旨博，故吳楚之君自稱王，而春秋貶之曰子；踐士之會實召周天子，而春秋諱之曰天王狩於河陽。推此類以繩當世貶損之義，後有王者舉而開之，春秋之義行，則天下亂臣賊子懼焉。孔子在位，聽訟文辭，有可與人共者，弗獨有也；至於為春秋，筆則筆，削則削，子夏之徒不能贊一辭。弟子受春秋，孔子曰：『後世知我者以春秋，而罪我者亦以春秋。』」（孔子世家）均可見孔子晚年以此二者為志業並用以為教材的實況。

綜右所述有關孔子當年教導學生的教學方法、課程教材，以及學生的專長等，雖不能以之與今天的教育理論及制度相提並論，但仍略可窺見其教學事業之一斑，而足為此一時期私人講學之屬於大學教育的代表。至於孔子的教育思想體系，以不屬於本書討論的範圍，於此從略。

與孔子同時，亦從事教學工作的，有王駘與少正卯；少正卯據說且曾對孔子的教育事業構成威脅。莊子有謂：「魯有兀者王駘，從之遊者，與仲尼相若。」（德充符）劉勰新論則說：「孔子門人三盈三虛，惟顏淵不去。」（新隱篇）新論後出，莊子多寓言，然由此未始不可以想見當時私人講學之盛；而二人的學生中部分為大學的程度，亦在情理之中。

孔子既歿之後，門人弟子亦有從事於教學工作的；其中子夏最為著名，嘗為王侯之師。據史記：「自孔子卒後，七十子之徒散游諸侯；大者為師傅卿相，小者及教士大夫，或隱而不見。故子張居陳，澹台子羽居楚，子夏居西河；田子方、段干木、吳起、禽滑釐之徒，皆受業子夏之倫，為王者師。是時，獨魏文侯好學。」（儒林傳）「卜商字子夏，……孔子既歿，子夏居西河教授；為魏文侯師。」（仲尼弟子列傳）當年子夏講學的處所，後人考證乃山間一石室，司馬貞索隱說：「（西河）在河東郡之西界，蓋近龍門。劉氏云：『今固州河西縣，有子夏石室學堂在也。』」張守節正義亦說：「西河郡，今汾州也；……子夏所教處。括地志云：『謁泉山一名隱泉山，在汾州堰城縣北四十里。』註：水經云：『其山崖壁五，崖半有一石室，去地五十丈；……』隨國集記云：『此為子夏石室，退老西河居此。有卜商神祠，今見在。』」既係退老教授，學生中又有王侯，其爲大學教育，應無可疑。不僅如此，子夏教學事業的盛況，甚至還可能超過孔子，曾子便曾如此責備他說：「商，女何無罪也；吾與女事夫子於洙泗之間，退而老於西河之上，使西河之民疑女於夫子，女罪一也。」（禮記檀弓）其餘弟子講學之事，資料較少，不贅述。

降至戰國，私人講學之風更盛，而以儒墨兩家徒屬最衆，呂氏春秋稱：「孔墨二家，徒屬彌衆，弟子彌豐，充滿天下。」（有度篇）韓非子亦以儒墨爲天下之「顯學」。（顯學篇）戰國儒家，以孟、荀二子爲巨擘；孟子當年講學，弟子有萬章、公孫丑、彭更、樂正克等，「後車數十乘，從者數百人，傳食於諸侯」；（滕文公）荀子弟子則有韓非、李斯、大毛公、孚邱伯、張蒼等，遊學齊稷下時，嘗三爲其祭酒。這兩位大師實施的教育，自應屬大學教育。至於墨子，亦有弟子禽滑釐等三百人，皆習防禦工程，能持守圉之器以待寇；（見公輸篇與備城門篇）似非純粹的大學教育，兼有專門與實用的性質。墨子的弟子稱爲「墨者」，或說書、或談辯、或從事，（見耕柱篇）是爲三墨。唯墨子敎弟子，從事者不復敎以書，（青義篇）而治學者不肯敎以射，（公孟篇）故墨子死後，墨者離而爲三，即相里氏、相夫氏與鄧陵氏之墨。（韓非子顯學篇）隨巢子、胡非子、田俅子、纏子、我子，皆有書見於班志、意林及劉向別錄，似是「說書之墨」；相里勤之弟子五侯之徒，與南方墨者苦獲、已齒、鄧陵等之屬，皆誦墨經而倍譎不同，互相謂之別墨，似是「談辯之墨」；禽滑釐、高石子、公尚過、耕柱子、曾公子、魏越、勝綽、孟勝、徐弱及其他大多數墨者，似是從事之墨。又墨子一書，分爲經、論、辯三部分：經上下，經說上下四篇爲「墨經」，可能是「說書之墨」所撰著；自大取、小取至公輸等七篇爲「墨辯」，大概是「談辯之墨」所演述；自尚賢至非命等二十三篇及備城門以下十一篇，似是「從事之墨」所記錄。就中

「墨經」與「墨辯」極富科學與名理（邏輯）的學術價值，因之，其一部分的教育性質與大學教育相近；而「從事之墨」所記錄的篇章，較乏高深的理論，後流爲游俠朱家、郭解一脈，去大學教育遂日益遠了。

除儒墨兩家外，先秦諸子各家私人講學的，雖不能說是絕無僅有，但資料多不足據以論述；就中如老子，自隱無名，既不自爲「敎主」，又主「不言之敎」，故其弟子甚少，甚難擧以爲此一時期私人講學的代表。其他各家，亦多類此，卽使略而不論，亦不足爲病。

肆、兩漢太學時期（秦代坿）

在中國歷史上，秦與漢兩個朝代不僅有先後相聯的關係，並且在時間的劃分上亦屬於同一時期。這是因爲從歷史的發展看，秦漢是與過去完全不同的兩個時代；在此之前，中國是一個由部落而逐漸形成的封建國家，諸侯分國而治，各自爲政，一切典章制度、文化風俗，均呈分歧現象而富多樣性，自茲以降，中國已蛻變爲一個中央集權的統一國家，一切與過去相反，趨於統一而呈一致性。中國這種大一統的局面，無可否認的，是由秦始皇開其端，至漢武帝而逐漸完成。但若從教育的觀點看，秦代立國短暫，在文化教育方面，不論「焚書坑儒」或「以吏爲師」，均屬摧殘而非建樹，與漢代的獎勵學術，與辦學校，實難以相提並論。故而關於此一時期大學教育情況的討論，遂不能不以兩漢爲主，而附以秦代。再者，「太學」乃漢代教育設施的特色，以之標題，亦所以顯示時代的精神。

一、社會文化背景

談到此一時期的學校教育背景，涉及的方面頗廣。首先，在政治上秦漢是一個與過去不同的新時代，中國上古時期的封建貴族制度，到秦始皇廢封建而置郡縣，宣告正式結束，尤其劉邦的取得天下，乃是中國歷史上第一次的平民革命；至此政權已非貴族的專利，而教育權亦不再爲少數人所壟斷。雖然春秋戰國時期的私人講學，已爲平等的教育權導其先路（如孔子的「有教無類」），但由政府建立單軌的學制，則不能不自漢武帝的設立「太學」始。其次，此一時期的社會亦已發生重大的變化，不僅中國統一，而且疆域擴大，人口增多，交通發達，城市興起，工商繁盛；更重要的是，自秦統一天下，各種法度權量律曆文字等，皆厲行劃一制，對於當時及後代的社會影響極大。原來我國在戰國以前，「田疇異畝，車涂異法，衣冠異制，言語異聲，文字異形」，秦始皇併吞六國之後，即下令「一法度衡石丈尺，車同軌，書同文字」，以利政權的鞏固，進而達到社會、文化，甚至思想的一致。這對於當時的政府控制教育及後代教育的發展，均有實質的影響。至於在經濟方面，漢初久經兵燹之後，兼之對外作戰失利，因之採用黃老之術，與民休養生息；至武帝時，「……民則人給家足，都鄙廩庾皆滿，而府庫餘貨財。京師之錢累巨萬，貫朽而不可校。大倉之粟，陳陳相因，充溢露積於外，至腐敗不可食。衆庶街巷有馬，阡陌之間成羣」。同時繼承秦朝統一貨幣政策，由中央政府集中鑄造標準錢（五銖錢），禁地方政府與人民私鑄；一時民富國強，戶口亦大增加。惟武帝中年以後，好大喜功，連年對外用兵，國力漸見耗損，遂乃實行鹽鐵與酒之國營專賣政策，並與「均輸」與「平準」等法，以應需要。由於此種情況，加上工商業發達的結果，社會上貧富不均的現象日益顯著，農民的土地又多被兼併，一遇天災人禍，變亂即隨之而起。兩漢中葉以後，外戚與宦官迭相亂政，兼之水旱蟲災流行，飢民作亂，流寇四起，因經濟的崩潰，引發政治的紊亂，進而影響學校教育的安定與發展，顯而易見，其應如響。

最後，在文化方面，此一時期與春秋戰國的學術自由、思想解放情況相較，又趨向於統一與限制；其具體的事例，便是秦始皇的「焚書坑儒」、「以吏爲師」，以及漢武帝的「罷黜百家，獨尊儒術」。

關於這兩個政策的採取與推行，各有其成因與條件。析而言之，秦始皇之所以「焚書坑儒」，並實施「以吏爲師」，實有其遠因與近因。遠因是法家思想的傳統，秦自孝公用商鞅變法，以刑名法術治國，得以富國強兵，其後李斯當政，殺韓非而竊用其以法治國的理論，終於併呑六國，統一中國。商鞅、韓非（李斯）均是主張以吏爲師的法家代表人物，商君書定分篇說：「聖人必爲法令置官也，置吏也，爲天下師，所以定名分也。」已隱然有以吏爲師的見解；韓非子五蠹篇更說：「明主之國，無書簡之文，以法爲敎；無先王之語，以吏爲師。」則明顯的主張建立吏師的制度。近因是諸生反對新政，認爲「事不師古而能長久者，非所聞也」；並且私下誹議始皇，始皇深惡「諸生不師今而學古，以非當世，惑亂黔首」，乃基於統制思想以鞏固政權的定於一尊，因而接受李斯的建議：「臣請史官非秦紀皆燒之；非博士官所職，天下敢有藏詩書百家語者，悉詣守尉雜燒之；有敢偶語詩書者，棄市；以古非今者，族；吏見知不舉者，與同罪；令下三十日不燒，黥爲城旦。所不去者，醫藥卜筮種樹之書。若有欲學法令，以吏爲師。」「……於是使御史悉案問諸生，諸生傳相告引，乃自除犯禁者四百六十餘人，皆坑之咸陽，使天下知之以懲後」。（以上皆見史記始皇本紀）至此，透過「焚書坑儒」與「以吏爲師」的統一思想政策，遂澈底見諸施行。至於漢武帝的「表彰六經，獨尊儒術」，乃是漢初久經戰亂，國力疲罷，亟需休養生息，以資充實，故當時的執政者，以蕭何與曹參爲代表，秉持黃老之道，清淨無爲，唯施是畏，而造成了武帝卽位時的民富國強的景況；適逢武帝又雄才大略，積極有爲，事實上那時候的邊患亦非徹底解決不可，不能長期採取初年的綏靖政策，於是一經董仲舒的對策建議，漢武帝卽明令「罷黜百家，表彰六經」，以符合其對外開拓疆土，對內建立中心思想的要求。儘管儒家思想學說的盛行，乃當時客觀的形勢所使然，但武帝本人絕非眞正能奉行儒家思想或要實現儒家政治理想的人。這祇要看武帝平日的好大喜功，累啓邊釁，大修宮室，經常巡遊，晚年更行封禪，求神仙、信巫蠱，以及重用「援法入儒」的公孫弘與建議「塩鐵專賣，與民爭利」的桑宏羊，便可知他實在是一個「陽儒陰法」的人物。然無論如何，儒家的學術思想經武帝的提倡，便一直在中國居於正統與主導的地位，支配並影響了中國的文化與教育數千年，則是不爭的事實。除此而外，那時候筆與紙的發明，以及通西域而引起的文化交流，特別是東漢初年佛教的傳入，在在都對於當時與後代的文化及教育活動，有其不可忽視的貢獻與影響。

二、一般教育概況

如前所述，此一時期的教育設施，由於秦代立國短暫，且除了吏師制度以外，幾全無學校制度可言；而兩漢則除了本章討論的主題「太學」而外，各級公私學校，不僅制度完備，並且內容充實，故關於本期教育一般情況的介紹，亦是略於秦而詳於漢。

(一) 秦　代

嬴秦一代，由於「焚書坑儒」與實行愚民政策的結果，其教育設施，除了所謂的「吏師」制度及擔任吏師的「博士」之官而外，當時是否曾建立教育制度或設有正式的學校，由於史料的缺乏，後人實在不得而知。玆就目前僅知的吏師制度與博士之官，略爲敍說。

關於吏師制度建立的經過，前已述及，可說是秦始皇基於政治的、社會的與思想的諸因素的考慮而採取的一種必然政策，不再贅說；這裏所要討論的是，吏師的任務是甚麼？其敎導人民，是否僅以「法令」爲限？談到這些，必須先介紹擔任吏師的博士之官。「博士」一般以爲是秦代所設置的官職，如漢書百官表：「博士，秦官，掌通古今；秩比六百石，員多至數十人。」但據史記循吏列傳，公儀休爲魯博士；龜策列傳，衞平爲宋博士；漢書賈山傳，賈袪爲魏王時博士弟子；又宋書百官志：「六國時往往有博士」，則博士當不始於秦。博士的員額，或云七十人；其名載於古代典籍的，有叔孫通、伏生、周青臣、淳于越、鮑貞令、羊子、黃公、秦疵、正先諸人。博士的職掌，據史記秦始皇本紀所載，或掌書籍，或備詢問；自吏師制度施行以後，或亦兼掌教授。至於博士所傳授的，是否專以「法令」爲限？章學誠文史通義依據今本史記，以爲秦代吏師的傳授限於「法令」，說：「以吏爲師，三代之舊法也；秦人之悖於古者，禁詩書而僅以法律爲師耳。」然康有爲新學僞經考則依史記集解所引徐廣的話及李斯傳原文，以爲本無「法令」二字，所以詩書亦在傳授之列；他說：「秦焚詩書，博士之職不焚；是詩書博士之專職。秦博士如叔孫通有儒生弟子百餘人，諸生不習詩書，何爲復作博士弟子？既從博士受業，如秦無以吏爲師之令，則何等腐生敢公犯詔書而以私學相號聚乎？」由於史料的殘缺，當時詔令已下之後，博士是否仍有弟子及吏師以何種教材傳授諸生？現均不得而知。然始皇焚書，秦紀及博士官所職不焚；且令下未幾，秦卽亂亡，民間藏書未必禁絕，乃是事實。因而博士於法令之外，或亦傳授詩書，仍有其可能性。或有以爲學法令以吏爲師，學詩書以博士爲師，亦可備一說。

除此而外，漢代太常主管教育行政業務，漢太常卽秦之奉常，秦奉常掌宗廟禮儀，或亦兼管教育行政。其餘便一無所知了。

(二) 兩　漢

秦末天下大亂，劉邦以馬上得天下，不遑留意敎育，乃屬意料中事。及至惠帝四年（元前一七六年），首除挾書之令，又擧孝悌力田，文敎活動始漸復甦。後來武帝卽位，接受董仲舒對策的建議，一方面「罷黜百家，獨尊儒術」，一方面設立「太學」，置「五經博士」，於是中國以儒家經典爲主要敎育內容的學校制度，於焉建立。繼太學設立之後，各地方的郡國學亦紛紛設立，連同著名經師私人設帳授徒而程度較高的，均屬大學敎育的性質；其設施情形，容後再詳。至於非大學敎育性質的學校，其辦理情形，係縣道邑設「校」，置經師一人，鄉設「庠」，聚設「序」，置孝經師一人，（見漢書平帝紀）曁私人經營的「書館」，其程度與性質，均近於小學。故大致地說，漢代的學校，係僅有大學與小學的二級制，較之現代的三級制，似欠完備，但在二千年以前，中國已有如此健全的制度與設施，殊爲不易。尤其難能可貴的是，西漢所建立的學校制度，富有單軌制的精神，與上古時期貴族與平民各異其所入的學校不同。惜乎此種具有平等精神的學制，到東漢明帝永平年間設立一種貴族性質的學校——「四姓小侯學」時，遭到破壞。「四姓小侯學」始於明帝永平九年（公元六六年），實爲一種宮邸學校。明帝崇尙儒學，爲外戚樊氏、郭氏、陰氏、馬氏諸子弟設立學校，置五經師。因外戚四姓不是列侯，故稱爲「小侯」。據後漢書儒林傳，明帝「……復爲功臣子孫，四姓末屬，別立學舍，搜集高能，以授其業。自期門羽林之士，悉令通孝經章句。匈奴亦遣子入學。」可見當時已有外國派遣留學生到中國留學。其後安帝元初六年（公元一一九年），鄧太后爲和帝弟濟北河間王的子女五歲以上的四十餘人及鄧氏近親子孫三十餘人，開設邸第，敎授經書，並親自監試。（見後漢書鄧后紀）質帝本初元年（公元一四六年），又詔四姓小侯學能通經得高第的，得上名牒賞進。均可見此一貴族性質的宮廷學校受重視的一斑。

除此而外，東漢靈帝光和年間，又另外創設了一種特殊性質的學校，名爲「鴻都門學」。「鴻都門學」是一所性質類似專科的藝術學校，設於光和元年（公元一七八年）；起緣是靈帝雅好書畫辭賦，嘗招致善尺牘及工書鳥篆者數十人，待制鴻都門下，並爲設立鴻都門學，詔州郡三公選派學生入學。當時朝臣很不以爲然，或上封事奏請停辦，靈帝不聽。甚至特別提拔這些學生，使之出爲刺史、太守，或入爲尚書侍中，有的更蒙封侯賜爵，（見後漢書靈帝紀及蔡邕等傳）頗爲當時士大夫所側目。

綜右所述兩漢時期的各級各類學校，其系統有如左圖所示：

漢代學校系統圖

漢代的學校
- 官學
  - 中央政府
    - 大學：「太學」
    - 特殊學校（東漢時設）
      - 「四姓小侯學」
      - 「鴻都門學」
  - 地方政府
    - 大學：「郡國學」
    - 小學
      - 「校」（縣、道、邑）
      - 「庠」（鄉）
      - 「序」（聚）
- 私學
  - 小學：「書館」
  - 大學：「經師講學」

以上係學校教育的概略情形；在教育行政方面，漢沿秦制，以太常（卽秦之奉常）主管其事。至於

肆、兩漢太學時期（秦代坿）

地方，則無專設之教育行政人員，而以地方之行政首長（太守與縣令等）兼領教育行政事務。

另漢代尚有一種不屬教育範圍但卻與教育有密切關係的制度，便是選擧制度。所謂選擧，乃鄉選里擧之意，爲漢代施行的一種登庸人材的制度。漢代之所以採用此種制度，主要是爲了適應政治上的實際需要。原來我國古代政治人材的培養，三代是由國學（貴族學校）負其責，間亦由鄉學（平民學校）選拔統治所需的助理人材；春秋戰國時期，官學廢而私學興，且各國諸侯爲了富國強兵，又亟需大批的人材，因此當時養士之風大盛，諸侯卿相門下，賓客的人數常以千計，政治人材卽由此而招致。及至秦代，實行愚民政策，旣不設立學校，又禁私人講學，故到了漢高祖統一天下，便深感治術人材的缺乏，因於其稱帝後的第六年（元前一九六年），首度下詔求賢。其後，文帝二年（元前一七八年）下詔擧賢良方正，詔云：「二三執政，擧賢良方正能直言極諫者，以正朕之不逮。」（漢書文帝紀）十二年（元前一六八年），又擧孝廉。武帝元封四年（元前一〇六年），以名臣文武欲盡，詔「諸州郡察吏民有茂材異等可爲將相及使絕國者」（武帝紀），薦擧於朝廷，則爲擧秀才（東漢避光武諱，改稱茂才）之始。上述各科，名額與詔擧年限，並無定制，其選擧方式，或選而不試，或先擧後試，如武帝時之射策，已有後世科擧考試的雛形。凡膺選賢良方正與孝廉茂（秀）才，卽可得官享祿，參與政府的工作，而晉身爲統治的階層。

由右所述，可以看出漢代實施選擧制度以登進人材，初期是因爲學校制度尚未建立，不能不採取此種方式；後來學校制度雖已建立，但除了中央官立的太學學生有機會經由考試而獲得官職以外，地方學校與私人講學所造就的人材，其數量遠超過太學的學生，必須有一個途徑，使其亦能伸展抱負，否則，必將導致政治上的不安定。而選擧則是一個能夠適應此種需要的恰當方式。不可否認的，此一制度的施行，一方面既能適應現實的需要，另一方面也開放了平民參政之門；尤其是選舉的條件，德重於才，對於實際政治的影響，實有其難以否定的價值。至於末流，「竊名僞服，寖以流競；權門貴士，請謁繁興」，不公不實，則又到了必須改弦更張的時候，而有另一種方式與制度取而代之。

三、大學教育設施

秦代焚書坑儒，以吏爲師，雖然書未盡焚，且博士亦有弟子，但博士傳授的內容與諸生肄業的場所，現均不可考。故此一時期的大學教育設施，自不能不以兩漢爲主，而尤偏重於太學。

漢代的學校，大別分爲官學與私學兩大類；其中屬於大學性質的，官學由中央政府辦理的爲太學，由地方政府辦理的爲郡國學，私學則著名經師設帳授徒，雖無大學之名，而有大學之實，其程度與學生人數有時還超過官學。以下分別敘述。

（一）官　學

1.太　學

漢代的太學，是中國上古時期官學停辦數百年後，再度由政府辦理的學校，對於當時的政治、社會與文化固有其一定的貢獻，在中國教育史上尤具有重大的意義與深遠的影響。一方面是政府自此再度負起辦理教育的責任，顯示政府對於文化教育事業的重視，而有利於其發展與進步；另一方面是其後中國大學教育的設施，雖然在名稱或內容上與漢代的太學不盡相同，但都或多或少地蒙受其影響。因此，漢代的太學在中國大學的發展史上，可說是一個重要的里程碑。與西方首有大學之名的亞力山卓大學比較，其設立的年代雖略晚，❶但就其對後代的影響深遠言，則有過之。

(1)太學的創立：太學的創設，起於武帝建元元年（元前一四〇年）董仲舒的對策，建議武帝「與太學」，說：「常玉不琢，不成文章，君子不學，不成其德；……夫不素養士，而欲求賢，譬猶不琢玉而求文采也。……臣願陛下興太學，置明師，以養天下之士。數考問以盡其材，則英俊宜可得矣。」（漢書董仲舒傳）故歷史上記載：「自武帝初立，魏其武安侯爲相，而隆儒矣；及仲舒對策，推明孔氏，抑黜百家，立學校之官（宮），州郡舉茂才孝廉，皆自仲舒發之。」（同上）不過，當時或僅有擬議中的計劃，尚無正式的學校規制；及至建元五年（元前一三六年），初置五經博士，而總轄於「太常」（九卿之一），太學方設有教授，元朔五年（元前一二四年），丞相公孫弘與太常孔臧博士平等議爲博士置弟子五十人，太學又有了學生，太學草創，規模初具，奠立其後數百年兩漢太學的基礎。

(2)太學的校舍：太學初設，並無正式的校舍；僅以明堂辟雍❷爲會士之所。成帝時劉向奏請興辟雍、設庠序，帝下公卿議，會向病卒，未果行。（通志選舉略）平帝元始三年（元後三年）、「王莽奏起明堂、辟雍、靈台，爲學者築舍萬區；作市常備倉，制度甚盛。」（漢書儒林傳）校址據「三輔黃圖」記載：「大學在城（長安）南，去城七里。」（同上註引）校舍規模，極爲宏大，「漢太學中，有市有獄。」

❶ 亞力山卓太學，係由亞力山大大帝創設於北非亞力山卓城；亞力山卓城建於公元前三三二年，亞力山大大帝死於公元前三二三年，故其設立年代，應在此十年之間，較漢代太學的設立年代爲早。

❷ 明堂、辟雍在西周以前，爲國學（大學）授業之所，故二者同實而異名；漢代設立太學，曾另爲太學與建校舍，以爲博士教授弟子之所，明堂、辟雍遂爲天子行禮會士之所，二者乃析而爲二。

（三輔舊事）「王莽爲宰衡，起靈台，作長門宮（疑爲常滿倉）；南去堤三百步，起國學於郭內之西南（案今本黃圖云在長安西北七里），爲博士之官寺；門北出，正於其中央爲射宮，門出殿堂，南嚮爲牆，選士肄射於此中；北之外，爲博士舍三十區，周環之；北之東，爲常滿倉；倉之北爲會市，但列槐樹數百行爲隊，無牆屋。諸生朔望會此市，各持其郡所出貨物及經書、傳記、笙磬、樂器、相與買賣，雍容揖讓，或議論槐下。其東爲太學官寺，門南出；置令丞吏，詰姦宄，理詞訟。五經博士領弟子三百六十，六經博士弟子萬八百人，主事、第高、待講各二十四人。學士同舍，行無遠近皆隨擔，兩不塗足，暑不暴首。」（漢書王莽傳沈欽韓註）當時太學之中，不僅有辦公處所、講堂及博士與弟子宿舍，並且有射宮、會市及法庭；博士及弟子教學、生活於其中，有若置身於一獨立而完整的社會，殆與近代歐美各國之大學城相類似。在中國教育史上，其盛況雖非絕後，至少亦屬空前。東漢定都洛陽，光武五年（公元二十九年），初起太學；東觀記說：「初起太學宮，諸生、吏民子弟及民以義助作。」校址據洛陽記所載：「太學在洛陽城故開陽門外，去宮八里。」水經注則說：「在國子堂東。」太學中設講堂，「長十丈，廣三丈；」「堂前石經十部，本碑凡四十八枚。」（羊頭山記）安帝時，「學舍頹廢，鞠爲園蔬，牧兒蕘豎，至於薪刈其下。」（後漢書儒林傳）太學殘破，竟至於此。順帝時，「更修黌宇，凡所造構，二百四十房，千八百五十室。」（同上）太學校舍，雖經修復，但規模與前漢盛時相較，實不逮遠甚。東漢末年，國政紊亂，黨錮之禍發生，太學之事，便無人顧及了。

(3)太學的教授：兩漢太學教授，稱爲博士。博士本秦官，史記謂：「秦博士七十人，備員弗用。」「叔孫通爲秦博士，後降漢，從弟子百餘人，高祖拜通爲博士。」（漢書本傳）是漢初仍沿襲秦制，設置博士。文景時，博士增設詩經，「申公爲詩最精，以爲博士。」（漢書儒林傳）另諸侯王亦有自置博士的。及至武帝建元五年，置五經博士，詩申公、書歐陽、禮后蒼、易田河、春秋公羊。以儒家經典設置博士，雖不自武帝開始，但自此之後，博士名額幾爲儒家經典所壟斷，則是事實。宣帝黃龍元年（元前四九年），稍增員額爲十二人，「劉歆論曰：『往者博士，書有歐陽，春秋公羊，易則孟、施，然孝宣皇帝猶復廣之穀梁春秋，梁丘易，大、小夏侯尚書。』」（漢書楚元王傳）平帝元始三年，「立樂經，益博士員，經各五人。」（漢書王莽傳）博士員額又增爲三十人。東漢「光武中興，立五經博士，各以家法教授，易有施（讐）、孟（憙）、梁丘（賀）、京氏（房），尚書歐陽（和伯）、大、小夏侯（勝、建）、詩齊（轅固）、魯（申公）、韓（嬰）、毛（衍），禮大、小戴（德、勝），春秋嚴（彭祖）、顏（安祖），凡十四博士；太常差次總領焉。」（後漢書儒林傳）另據後漢書徐防傳引漢官儀，此十四博士皆今文，並由太常選一人爲祭酒，類似今日之大學校長。博士待遇，初比四百石，宣帝時增秩爲六百石；太學中並有博士舍，可供居住。博士的任用，方式不一：有由薦舉的，如梁丘賀薦施讐爲博士；（漢書儒林傳）有由徵召的，如「順帝時，左雄爲尚書令，奏徵海內名儒爲博士」；（後漢書左雄傳）有由選試的，如「張玄試策第一，拜爲博士」，及「伏恭建武間，太常試經第一，拜爲博士」；（後漢書儒林傳）有由賢良文學或明經諸科出任的，如公孫弘以賢良徵爲博士；（漢書本傳）有由他官遷調的，如匡衡以郎中遷爲博士；（漢書本傳）亦有由博士弟子升充的，如「魏朗從博士郤仲信學春秋圖緯，又詣太學授五經」。（後漢書黨錮傳）博士的職掌，主要係分經授業，各以家法教授弟子；「博士議郎一人，開門徒衆百數。」（後漢書樊宏傳）「漢之博士之官，師弟子相問難。」（論衡明雩篇）亦有通論五經的；如「施讐甘露中，論五經於石渠閣」，（漢書武帝紀註）魏郎亦曾詣太學授五經。（漢書儒林傳）又國有疑事，掌承問對；「和帝永元七年（公元九十五年）夏日蝕，帝引見公卿問得失，令將大夫、御史、謁者、博士、議郎、郎官會廷中，各言封事。」（後漢書和帝紀）或奉使外國；「武帝初即位，是時弘年六十，以賢良徵爲博士，使匈奴，還報不合意。」（漢書公孫弘傳）此外，間或指派臨時任務；「成帝河平四年（元前三一年）、遣光祿大夫、博士嘉等十一人，行學瀕河一郡。」「陽朔二年（元前二五年）秋、關東大水，遣大夫、博士分行視。」（漢書成帝紀）及「安帝永初四年（公元一一〇年），詔謁者劉珍及五經博士，校定東觀五經、諸子百家藝術，整齊脫誤，是正文字。」（後漢書安帝紀）博士的職掌及任務其所以如此龐雜，乃是由於漢儒主張通經致用，不專注重經典的文字研究的緣故。

(4)太學的學生：太學學生，稱爲博士弟子；東漢時又稱爲太學生或諸生。博士弟子的設置，始於武帝元朔五年（元前一二四年）設「太常議予博士弟子，以厲賢才。」（漢書武帝紀）由「太常擇民年十八以上，儀狀端正者補博士弟子；郡國縣官，有好文學、敬長上、肅政教、順鄉里、出入不悖，所聞令、相、長，令上所屬二千石，二千石謹察可者，常（當）與計偕，詣太常，得受業如弟子。」（漢書儒林傳）由此看來，太學初設時的博士弟子，其選補以平民子弟爲主，另有由地方令守遣送的官吏，得受業「如弟子」，類似今天的「附讀生」；前者名額五十名，後者似無定額，如文翁爲蜀郡太守，「選郡縣小吏開敏有材者張叔等十餘人，親自飭厲，遣詣京師，受業博士。」（漢書循吏傳）且其選補，極嚴格，不得循私或濫舉；當時「山陽侯張當居爲太守，坐選弟子不以實免。」（漢書百官公卿表）學生年齡雖規定十八以上，但亦有例外，如「汝南謝廉，河南趙建，年始十二，各能通經，雄（左雄，順帝時爲尚書令）並奏拜爲童子郎。」（後漢書左雄傳）又「任延年十二爲諸生，顯名太學，號爲任神童。」（後漢書循吏傳）而後漢書獻帝紀更載：「今耆儒年逾六十，去離本土，營求糧資，不得專業，結童入學，白首空歸。」是太學中有十二歲之童子郎，亦有年逾六十的老學生。至於太學生的名額，最初僅五十名；

「昭帝時，舉賢良文學，增博士弟子滿百人；宣帝末倍增之。元帝好儒，能通一經者皆復；數年以用度不足，更爲設員千人，郡國置五經百石吏卒。成帝末，或言孔子布衣，養徒三千人，今天子太學弟子少於是，增弟子員三千人；歲餘復如故。」（漢書儒林傳）名額大量增加。「平帝時，王莽秉政，增元士之子得受業如弟子，勿以爲員。」（同上）貴族子弟開始以額外生的身份進入太學。東漢「質帝本初元年（公元一四六年），梁太后詔大將軍下至六百石，悉遣子就學，……自是遊學增盛至三萬餘人。」（後漢書儒林傳）太學規模之大，與學生人數之衆，較之今天國內外的名大學，並無遜色。不過，名額可寬而不宜濫，濫則不但程度降低，亦易招人輕視。另當時太學之中，尚有外國留學生，「匈奴遣伊秩訾王大車且渠來入學。」（後漢書樊宏傳）這與西方大學爲國際性的學者社會的理想，若相符合。

(5)太學的課考：太學學生，分經受業，各從其師法，所謂「博士議郎一人，開門徒衆百數。」便是指此而言。所習課程，爲儒家經典的詩、書、易、禮、春秋五經；「宣帝甘露二年（元前五十三年），詔諸儒講五經異同，蕭望之等平奏其議，上親制臨決焉。」（漢書宣帝紀）「章帝建初四年（公元七十九年），詔以『三代導人，教學爲本』，於是下太常、將大夫、博士、議郎、郎官及諸生，諸儒會白虎觀，講五經異同。」（後漢書章帝紀）並有標準本，「熹平四年（公元一七五年），靈帝乃詔諸儒正定五經，刊於石碑，爲古文、篆、隸三體書法，以相參檢；樹之學門，使天下咸取則焉。」（後漢書儒林傳）太學學生在課業外，更有各種考試：「一歲皆輒課」，（漢書儒林傳）及「每歲輒於鄉射月一饗會之，以此爲常」，（後漢書儒林傳）爲定期的考試；「順帝嘉陽元年（公元一三二年）七月，以太學新成，試明經」，「靈帝熹平五年（公元一七六年），試太學生年六十以上百餘人」，及「獻帝初平四年（公元一九三年），試諸生五十餘人」。（後漢書各帝紀）則爲不定期考試。考試方式，有對策、策試及射策三種：

對策是「受策察問，咸以書對」，（漢書武帝紀）或「顯問政事經義，令各對之，而觀其文辭，定高下也」；（漢書蕭望之傳顏師古註）策試乃「博士及甲乙策試，宜從其家法章句，開五十難以試之；解釋多者爲上第，引文明者爲高說。若不依先師，義有相伐，皆正以爲非」；（後漢書徐防傳）射策則爲「謂爲難問疑義，書列而置之，不使彰顯，有欲射者，隨其所取得而釋之，以知優劣」。（漢書蕭望之傳顏師古註）考試及格的，可以得官；不及格的，或留校攻讀，或令退學。「一歲皆輒課，能通一藝以上，補文學掌故缺，其高第可以爲郎中；太常籍奏，即有秀才異等，輒以名聞。其不事學若下材及不能通一藝，輒罷之。」（漢書儒林傳）平帝時，「歲課甲科四十人爲郎中，乙科二十人爲太子舍人，丙科四十人補文學掌故。」（同上）東漢質帝本初元年（公元一四六年），課試太學生，「以高第五人補郎中，次五人太子舍人」。（後漢書質帝紀）「桓帝建和初，詔諸生年十六以上，比郡國明經試次第；上名高第十五人，上第十六人，爲郎中，中第十七人，爲太子舍人，下第十七人，爲王家郎」。至永壽二年甲午（公元一五六年）詔復課試諸生補郎舍人。其後復制學生滿二歲，試通二經者，補文學掌故，其不能通二經者，須後試，復隨輩試，試通二經者，亦得爲文學掌故，其已爲文學掌故者，滿二歲，試能通三經者，擢其高第爲太子舍人，其不得第者，復試，復隨輩試，第復高者亦得爲太子舍人；已爲太子舍人滿二歲，試能通四經者，擢其高第爲郎中，其不得第者，後試，復隨輩試，第復高者，亦得爲郎中；已爲郎中滿二歲，試能通五經者，擢其高第補吏，隨才而用，其不得第者，後試，復隨輩試，第復高，亦得補吏。」（通志選舉略）「靈帝熹平四年，試太學生年六十以上百餘人，除郎中、太子舍人、至王家郎、郡國文學吏。」及「獻帝初平四年（公元一九三年），試諸生四十餘人，上第賜位郎中，中第太子舍人，下第者罷之。」（後漢書各帝紀）但也有不經考試，而由天子賜官的，「陽嘉二年（公元一三三年），除京師耆儒年六十以上者四十八人，補郎、舍人及諸王國郎。」（後漢書順帝紀）及「獻帝初平四年詔曰：『今耆儒年逾六十，去離本土，營求糧資，不得專業，結童入學，白首空歸，長委農野，永絕榮望，朕甚愍焉，其依罷者，聽爲太子舍人。』」（後漢書獻帝紀）則係優待年老而課業不佳，不能通過考試以得官位的學生。此外，博士弟子亦有回返原籍，服務鄉梓的，如「蜀生皆成就還歸，文翁以爲右職，用次察舉，官有至郡守刺史者。」（漢書循吏傳）這一方面是鼓勵，一方面也是當時太學諸生唯一的出路。

(6)太學的學風：所謂學風，乃是學生所表現的風氣，而有影響於當時的社會或政治等方面，足以聳動一時而流傳後世的，均可稱爲那個時期的學風。兩漢太學的學風，表現最爲顯著並且影響當時的社會與政治的，就是學生們所從事的各項政治活動，特別是東漢末年的反對宦官運動，不僅哄動當時，且亦傳頌後世。其經過情形，最初是「哀帝元壽二年（公元前一年），鮑宣得罪，下廷尉，博士弟子濟南王成咸舉幡太學下，曰：『欲救鮑司隸者，會此下。』諸生會者千餘人；朝日遮丞相孔光，自言：『丞相不得行。』又守闕上書，上遂抵宣罪，減死一等，髡鉗。」（漢書鮑宣傳）這是漢代太學生從事的第一次政治運動，規模不算小，動機亦純正。其後卽蔚成風氣，而表現亦淳疵互見。平帝元始年間，「莽旣尊重，欲以女配帝爲皇后，以固其權，事下有司，上衆女名，王氏女多在選中者，莽恐其與已女爭，上言身無德，子材下，不宜與衆女並。太后以爲誠正，下詔曰：『王氏女，朕之外家，其勿採。』庶民、諸生、郞吏以上，守闕上書者日千餘人，……莽遣長吏以下，分部曉止公卿及諸生，而上書愈甚。」（漢書王莽傳）學風的敗壞，氣節的頹墮，無以復加。東漢光武中興，有鑑於此，因尊崇節義，敦勵名節，而風俗爲之一變；積漸乃有桓靈之間太學諸生反對宦官的運動，釀成我國歷史上著名的黨錮之禍。桓帝在未卽位前，封蠡吾侯，從甘寧周福受學；後卽帝位，擢福爲尙書。當時同郡河南尹房植有名當朝，有人編成歌謠：「天下規矩房伯武，因師獲印周仲進。」流傳的結果，是形成朋黨，相互攻訐。不久，汝南太守宗資任功曹范滂，南陽太守亦委功曹岑晊，二郡又有歌謠：「汝南太守范孟博，南陽宗資主書諾；南陽太守岑公孝，弘農成瑨但坐嘯。」流言傳入太學之後，諸生三萬餘人，以郭林宗、賈偉節爲首，與李膺、陳蕃、王暢等互相標榜，說：「天下模楷李元禮，不畏強禦陳仲舉，天下俊秀王叔茂。」又勃海公族進階，扶風魏齊卿，常「危言深論，不畏強豪」；「自公卿以下，莫不畏其貶議屣履到門」。（後漢書黨錮傳）太學學生議論朝政，褒貶公卿，已形成輿論力量，進而干預國事，必然會與當權的宦官發生衝突。其起因一方面是「桓靈之間，主荒政謬，國命委於閹寺，士子羞與爲伍」，而另一方面這些宦官不僅竊持國政，更有「破人居室，掘墳墓，虜奪良人妻，略婦子」的，（後漢書宦者傳）於是二者之間，終於爆發正面衝突。永興年間（公元一五三—一五四年），朱穆便因奏劾宦官，以致下獄；太學諸生劉陶等數千人詣闕上書，「願黥首繫趾，代穆校作」。（後漢書朱穆傳）延熹八年（公元一五八年），陳蕃爲太尉，李膺爲校尉，因宦者張讓之弟殺人孕婦，爲李膺捕殺，宦者懷恨。後膺爲河南尹，以風角家張成之子殺人，成乃勾結宦者，言李膺勾結太學爲黨。案經三府、太尉陳蕃不肯平署，桓帝大怒，九年（公元一五九）遂興大獄。凡得罪宦官的皆捕殺；連累陳實之徒二百餘人。次年，以霍諝、竇武之諫，始允赦歸田里，禁錮修身。但黨人之名，仍存官府。後靈帝即位，陳蕃爲太尉，竇武爲大將軍，同謀誅宦官，「事敗，武被害；陳蕃將太學諸生八十餘人，並拔刀突入丞相門」，（後漢書陳蕃傳）由於宦者勢衆，反爲宦者所殺。此時彼此的仇隙更深，宦者亦伺機反撲。建寧二年（公元一六九年），張儉劾宦者侯覽貪侈，並沒其財產，靈帝因大捕黨人；李膺、范滂等百餘人死於獄中，外死徙廢者六七百人。宦者王甫又慫恿段熲，捕繫太學生千餘人。熹平五年（公元一七六年），永昌太守曹鸞上書大訟黨人，言甚肯切，靈帝大怒，又捕黨人，禁錮及於五屬。後黃巾賊起，乃大赦黨人。但國家元氣已傷，朝野分崩離析，東漢不久亦亡。

(7)太學的衰廢：漢代的太學，自武帝初置五經博士，又爲博士置弟子員五十人，卽成爲全國的學術中心，與培養政治人材的場所；教育固因此而發達，儒學亦隨之而興盛。到平帝時，王莽秉政，增元士之子得受業如弟子，方便之門大開，入學資格限制放寬，學生的品流遂雜，太學已漸離當初設立的宗旨。故此時雖起明堂辟雍，爲學者築舍萬區，並非是眞心在提倡教育，不過是爲自己的政治前途投資而已。王莽篡漢時，有那麼多的人「上書頌德，獻符應瑞」，足爲明證；而太學生精神之墜落，亦於斯已極。東漢「光武中興，愛好經術，未及下車，而先訪儒雅；採求闕文，補綴漏逸。先是四方學者，多懷抉圖書，遁逃林藪，自是莫不抱負墳策，雲會京師。」（後漢書儒林傳）光武又立五經十四博士，修起太學，一時「稽式古典籩豆干戚之容，備之於列，服方領習矩步者，委它乎其中。」（同上）國運再造，太學亦隨之復興。中元元年（公元五六年），初建三雍；明帝卽位，並親臨自講，「諸儒執經問難於前，冠帶縉紳之人，圜橋而觀聽者蓋億萬計。」（同上）太學之盛，媲美前漢。後來鄧后稱制，學者漸多懈怠，「自安帝覽政，薄於藝文，博士倚席不講，朋友相視怠散；學會頹敝，鞠爲園蔬，牧兒蕘豎，至於薪刈其下。」（同上）太學敗壞，一至於此。順帝時，雖重加修繕，惟已江河日下，積重難返。質帝本初元年，梁太后詔大將軍下至六百石，悉遣子就學，太學諸生，盡屬膏粱子弟；「自是遊學增盛至三萬餘人，然章句漸疏，而多以浮華相尙，儒者之風蓋差矣。」（同上）末年黨錮禍起，高名善士，多坐流廢；海內塗炭二十多年，郡縣亦爲之殘破，朝野崩離，綱紀文章蕩然，太學的命運，遂隨東漢以俱終了。

2. 郡國學

漢代郡國學校的設立，始於蜀郡太守文翁。文翁於景帝末年出任蜀郡太守，當時蜀郡（今四川境）尚未開發，文翁乃亟力倡導敎育事業，以資敎化；除武帝設立太學時，文翁曾選送郡縣小吏十餘人至京師，入太學受業如弟子外，（見前）又「修起學官於成都市中，招下縣子弟以爲學官弟子，爲除更徭；高者以補郡縣吏，次爲孝弟力田。常選學官僮子，使在便坐受事，每出行縣，益從學官諸生明經飭行者與俱，使傳敎令，出入閨閤；縣邑吏民見而榮之。數年，爭欲爲學官弟子，富人至出錢以求之。」（漢書循吏傳）武帝頗爲嘉許他的作爲，詔令天下郡國仿效，故史稱：「至武帝時，乃令天下郡國皆立學校，自文翁爲之始云。」（同上）

兩漢地方官吏興學，除文翁外，尚有西漢時何武在揚州，韓延壽、黃霸在潁州，都以興學知名；東漢則北方有汝南的寇恂、山陽的秦明、常山的伏恭、皮氏的趙歧、北海的孔融，南方有丹陽的李忠、桂陽的衞颯、武陵的應奉、南陽的鮑德，甚至邊徼異域，如陳禪在遼東、任延在武威、王追在益州、錫光在交趾、任延在九眞，或修治學宮，或親自敎授，對於當時敎育的推廣與儒學的宣揚，貢獻極大。加上政府的大力推行，如前面提到的平帝時，王莽秉政，郡國、縣邑、鄉聚都設立學校庠序，添置經師，兩漢公私各級學校的興盛，眞有如班固在東都賦中所言：「四海之內，學校如林，庠序盈門。」可以說是我國敎育史上學校敎育的空前極盛時期。

郡國學敎授的內容，史無明文記載；但極有可能像中央的太學一樣，專門致力於儒家經典的研究。因爲當年文翁在成都興學，多少曾受了太學的影響，或竟是完全模仿太學也有可能；再說「罷黜百家，表彰六經」，乃是國家的敎育政策，地方官吏辦理學校，豈有不遵行之理。又兩漢郡國亦設置博士，或亦像太學博士一樣，以五經敎授諸生。至於郡國學生的程度，是否低於太學或與太學一樣，因彼時學校無明顯的分級制度，不敢斷言。

（二）私　學

兩漢私學繁興，尤以東漢官學衰退時爲盛；其中由著名經師主持，屬於學術性質的講堂或精舍，規模與程度均不遜於太學。史乘所載「諸生講學者，常有千餘人，著錄前後萬人」，（後漢書牟長傳）即是當年經師講學的實況。惜乎私人講學，無論制度與內容，都缺乏有系統的資料可以尋繹；玆擇其著名的數人，略見一斑。

兩漢著名經師講學的，首推申公，史載：「申公歸魯，退居家敎；終身不出門，復謝賓客，獨王命召之乃往。弟子自遠方至，受業者千餘人。」（漢書儒林傳）其次董仲舒，除了他的政治與教育上的主張，曾大爲影響當時及後世外，（見前）其私人講學事業，亦有可述。仲舒爲兩漢今文學大師，少治公羊春秋，「孝景時，爲博士，下帷講誦，弟子傳，以久次相授業，或莫見其面；蓋三年不窺園，其精如此」。（漢書本傳）生平「進退容止，非禮不行」，學生對他極爲尊敬。又包咸「王莽末，……往東海立精舍講授」，（漢書儒林傳）亦是西漢有名的經師。

東漢經師設帳授徒，盛況超過西漢；其最著名的爲馬融與鄭玄。馬融爲東漢古文學大師，安帝時逢太學頹廢，校書東觀；桓帝時去官，設帳授徒，史稱其「才高博洽，爲世通儒；施養諸生，常有數千」。（後漢書本傳）其敎學情況，據載爲「常坐高堂，施絳紗帳，前授生徒，後列女樂，弟子以次相傳，鮮有入其室者」。（同上）後漢書又載：「融門徒四百餘人，升堂進者，五十餘生。融素驕貴，玄在門下，三年不得見，廼使高業弟子傳授於玄；玄日夜尋誦，未嘗怠倦。會融集諸生，考論圖緯，聞玄善算，廼召見於樓上。」（鄭玄傳）以高第轉相傳授，乃是當時欲一人同時施教衆多學生的一種不得已的措施，但卻與西方近代導生制的辦法，不謀而合。鄭玄爲東漢末年混合今古文的大師，早年曾在太學受業；後入關，師事馬融。玄在融門下三年未得見，僅由高業弟子傳授；及得見，「玄因從容質諸疑義；問畢辭歸。融喟然謂門人曰：『鄭生今去，吾道東矣。』」（同上）玄自遊學歸來，「家貧，客耕東萊，學徒相隨已數百千人」；（同上）後因黃巾亂起，「乃遣生徒，崔琰諸賢，於此揮涕而散」。（同上集解）其師生感情的濃厚，可以想見。其餘經師講學著名的有：姜肱「博通五經，兼明星緯，士之遠來就學者，三千餘人」；董春「少好學，究極聖旨，還歸立精舍，遠方門徒學者，嘗數百人」；宋登「教授千人」；杜撫「沉靜樂道，擧動必以禮，教授弟子千餘人」；丁恭「學義精明，教授常數百人，……諸生自遠方至者，著錄數千人」；樓望「教授不倦，世稱儒宗，諸生著錄九千餘人」；謝玄「爲世名儒，門徒數百千人」；蔡玄「學通五經，門徒常千人，其著錄者萬六千人」；張興以「顯宗數訪問經術，既而聲稱著聞，弟子自遠方至者，著錄且萬人」。（分見後漢書各本傳）另見於史傳的尙多，不及備錄。故史論有謂：「自光武中年以後，……經生所處，不遠萬里之路，精舍暫建，嬴糧動有千百，其耆門高義，開門授徒者，偏牒不下萬人。」（後漢書儒林傳）乃紀實之言。至於經師講學的教材，兩漢號爲經學時代，且經學立於學官，自以經學爲主；間或經師各就其所長，於經學外授以其他科目，亦有可能。惟以資料短缺，不敢臆測。

伍、魏晉衰落時期（南北朝埘）

從魏黃初元年(公元二二〇年)曹丕篡漢，到隋開皇九年（公元五八九年）文帝平陳，這三百七十年之間，史稱魏晉南北朝時期。再加細分，則自曹丕篡漢，中經三國鼎立、司馬炎篡魏(公元二六六年)、晉室南渡（公元三一七年）、至劉裕篡晉（公元四二〇年），前二百年的時間爲魏晉時期；而自東晉滅亡，至隋代統一，後一百七十年的時間爲南北朝時期。魏晉南北朝期間，是我國歷史上政治、社會最紊亂的時代，也是文化與敎育最衰落的時期；尤以南北朝期間爲甚。故在中國敎育史上，此一時期的敎育，不論政府辦理的學校或私人講學的活動，均呈衰退與停頓的現象。間或偶有一二興學措施與開門授徒的記載，然不是由於有名無實，爲時短暫，就是因爲資料短缺，難以據以爲論。以此，關於此一時期的敎育設施，特別是大學敎育，僅能以「衰落」形容其不振作與乏建樹；且祇標示魏晉，而附以南北朝。

一、社會文化背景

魏晉南北朝時期的敎育雖然衰落，但是影響敎育發展的各種背景，卻極爲複雜。就政治而言，這是一個朝代更換最快，也是政權建立最多的時代。首先東漢末年，天下大亂，曹操挾天子以令諸侯、平定北方，然赤壁之戰（建安十三年，公元二〇八年）失利，形成三分天下之勢；嗣曹丕篡漢，三國鼎立，相互征伐，擾攘約五十年，又爲司馬炎所篡，武帝太康元年（公元二八〇年）滅吳，天下遂歸於統一。唯晉雖統一天下，但內以王室不和，外有異族爲患，先後發生八王之亂與五胡亂華，西晉不久卽告淪亡。西晉亡後，東晉偏安江左，江淮以北，成爲五胡紛爭的局面，前後建國十六；十六國時期（公元三〇四－四三九年），其事極繁，此處不詳敍述。最後，中國北方爲魏所統一（公元四四〇年），故北魏可爲北朝的代表，與繼東晉（公元三一七－四二〇年）而起的南朝——宋、齊、梁、陳隔江對峙。南北朝對立一百五十年的紛爭，終因隋文帝的滅陳而告結束。中國也在分裂二百八十餘年之後，又再度統一。就社會而言，魏晉南北朝期間，兵革不休，戰爭連年，人民生活苦痛，自不待言。然而，由於戰爭與朝代嬗變的結果，亦曾對於中國的社會造成極大的改變並留下深遠的影響。在各種改變與影響中，擇其重要的來說，首爲民族的混合；在五胡亂華期間，中國北方所建的國家（不止十六國），絕大多數爲異族，然而這些異族所建立的國家，卻有一個共同的傾向，便是「漢化」，包括在典章制度、風俗習慣、以及文化教育各方面，均力求漢化，而終於造成民族的融合。其次爲世族（門第）的形成；其原因主要由於九品中正制與任子制。九品中正制的建立與施行，容後再述；這裏先談其與門第的關係，柳沖曾描述魏晉北朝崇尚世族門閥的風習說：「魏氏立九品，置中正，尊世胄、卑寒士；……於是有司選擧，必稽譜籍而改其僞。故官有世胄、譜有世官。……過江（東晉及南朝）則爲僑姓，王、謝、袁、蕭爲大；東南則爲吳姓，朱、張、顧、陸爲大；山東爲郡姓，王、崔、盧、鄭、李爲大；關中亦號郡姓，韋、裴、柳、薛、楊、杜首之；代北則爲虜姓，尤、長孫、宇文、于、陸、陳、竇首之。」（新唐書本傳）世族的形成，與門閥政治有因果與表裏的關係。至於任子制，漢代本已有「門蔭」的制度，魏晉時更爲盛行；

至南北朝，任子制尤爲貴族子弟入仕的捷徑。於是大家世族的門第制度形成，在社會上（主要爲政治）擁有特殊的地位。再其次爲風俗的敗壞，爲亂世必然的結果；而其爲厲之階，則作俑於曹氏父子。漢末曹操竊持國政，尙狡詐，重權謀，其用人只問其才，而不計其品德與操守，如其「求賢令」：「令天下得無被褐懷玉而釣於渭濱者乎？又得無盜嫂受金而未遇無知者乎？」又「求逸才令」：「……負汚辱之名，見笑之行，或不仁不孝，而有治國用兵之術，其各擧所知，勿有所遺。」（魏志本紀）造成當時社會寡廉鮮耻、不講道德的風氣，顧炎武批評說：「東漢風俗之務，光武明章數代培養之不足，曹操一朝破壞而有餘。」（日知錄）誠慨乎其言之。其後曹丕篡漢，又開權臣篡位之風，魏晉南北朝弑君篡位之事，幾如家常便飯，曹丕有帶頭的作用。其餘限於篇幅，不多論。就經濟而論，東漢末年黃巾之亂，經濟乃是主要的成因。其後繼以三四百年的戰爭，人民生活的困苦，可想而知。在魏晉南北朝期間，經濟方面唯一值得一提的，是長江以南地區的開發。三國時孫吳已大量開發東南一帶；晉室南渡，中原人士大批南下，江南的開發更爲快速；從此以後，長江流域遂爲我國經濟的命脈。進而在文化、政治、甚至軍事方面，亦漸可有與中原分庭抗禮之勢。除此而外，北朝魏孝文帝在位時（公元四七一—四九九年），嘗實行均田制與定賦稅之制，爲此一時期較爲重要的經濟政策。均田制度是男子年十五以上，受露田四十畝，婦人二十畝，身死後還給政府；但丁男另受桑田二十畝，作爲植桑與建屋之用，不在歸還之限。至所定的賦稅之制，是一夫一婦帛一匹，粟二石，民年十五以上未娶者四人出一夫一婦之調，爲唐代租庸調制的濫觴。

最後談到文化，魏晉南北朝也是中國歷史上文化最爲虛脫的時代。原因是世事多變，政治腐敗，兼之戰爭連年，死生靡定，因而人心苦悶，在精神上思有以逃遁與解脫；以此，清談玄論與佛教信仰，極盛於此一時期。清談之風，始於魏正始年間（公元二四〇——二五三年），以何宴、王弼爲首；清談內容，兼及易與老莊，謂爲三玄。清談代表人物，魏晉之間有竹林七賢：阮籍、嵇康、王戎、向秀、劉伶、阮咸、與山濤；江左以後，則有八達：謝混、胡母輔之、光逸、畢卓、羊曼、阮孚、阮放、與桓彝。清談的極致，是崇尙虛無，不問世事，言論超脫，行爲放蕩；於世道人心，均有不良的影響。至於佛教信仰，自東漢初年傳入中國，卽開始流行；魏晉時期，信者漸多。至南北朝時代，一方面由於胡人統治者的尊信，一方面因爲人心的不安，佛教的傳播，一時大爲興盛。其間雖有北魏太武帝太平眞君五年（公元四四四年）的禁佛，但南朝則因有梁武帝（公元五〇二—五四九年）的倡導，其信仰又盛行於江左。從此以後，佛教教義遂成爲國人的主要信仰。相形之下，魏晉南北朝時期的儒學，在三家之中最爲不振。魏晉初期，曹氏父子以文名，下開六朝侈靡之風，文學盛而經學衰；較略而言，文學盛於江左，而經學流行河朔，史乘所載：「洛陽江左，文雅尤盛；彼此好尙，雅有異同。江左宮商發達，貴於清綺；河朔詞義貞剛，重乎氣質。」（北史文苑傳）及「南北所爲章句，好尙各有不同。南人簡約，得其菁華；北學深蕪，窮其枝葉。」（同上儒林傳）能得其實。此一時期敎育之不發達，與其文化的情況息息相關。

二、一般教育概況

魏晉南北朝時期的敎育設施，無論政府辦理的學校或私人授徒講學，均不逮前此的兩漢遠甚。大略言之，雖各朝各代均有與學的記載，然實際情況多半名實不符，間或確有其事，亦多爲時短暫，未收效果；且此一時期有關教育記載的各項資料，又僅限於中央辦理的學校，關於地方的幾難得一見。故討論此一時期的教育情況，祇能據所得到的資料概略而言，且中央則又較詳於地方。

談到此一時期的一般教育概況，自東漢末年天下紛亂，學校殘破，教育事業即一蹶不振；其間曹操曾一度有意興學，頒有「建學令」，說：「喪亂以來，後生者不見仁義禮讓之風，吾甚傷之。其令郡國各修文學，縣滿五百戶置校官，選其鄉之俊造而教學之，庶幾先王之道不廢，而有以益於天下。」（魏志本紀）唯未見具體記載，恐係徒爲具文。後曹丕篡漢，嘗於黃初五年（公元二二四年）設立太學，書課試法，然成效不佳。至吳、蜀二國是否有正式的太學，均屬疑問。

三國時期的地方教育，尤其衰落，州郡鮮有設立學校的；僅有少數學者避地講學，尚略存兩漢的遺風。當時私人講學見於史傳的，有田疇、邴原、虞翻，（見三國志各本傳）管寧、國淵、（魏志各本傳）隗禧、（魏志王肅傳引）及李密（華陽國志）等數人。

西晉統一天下之初，教育事業一度頗見興盛，至有「二十州師徒相傳，學士如林」之譽；武帝秦始中（公元二六五—二七四年），太學生曾數達七千人。咸寧二年（公元二七六年），復於國學之外，別立國子學，專教貴遊子弟。但不久八王之亂起，又繼以五胡亂華，太學與國子學均遭焚燬，成爲灰燼。東晉偏安江左，儒術不振，統治者欲以學校爲國家的裝飾品，亦不可得。元帝在位時（公元三一七—三二二年），賀循、荀崧先後請增博士，都未果行；成帝咸康三年（公元三三七年），袁瓌、馮懷請興學校，亦未見諸行動。史乘其時雖有「立太學」的記載，（晉書元成帝紀）並稱自穆帝至孝武帝，權以「中堂」爲太學，大概僅有太學之名，而無其實。後殷浩秉政，因軍事繁興，罷遣太學生徒，太學遂廢。至於國子學，孝武帝太元十年（公元三八五年），曾一度增造房舍，選公卿子弟入學，但成效不著。

至於地方學校，兩晉均甚衰頽；西晉僅有虞溥為鄱陽內史，大修庠序，廣招生徒至七百餘人，東晉亦唯有庾亮鎮守武昌，開置學官，起蓋講臺，購辦俎豆禮器，令其子弟及參佐軍將子弟皆入學（文獻通考學校考）等寥寥數事的記載。關於私人講學，兩晉亦極寥落；西晉略有杜夷、劉兆、京哲、唐彬、氾毓數人，東晉則僅范宣一人而已。（晉書各本傳）

與東晉並立的，在北方為五胡十六國；間有濡染中原文化而興辦學校的，其事例如：前趙劉曜立太學、小學；後趙石勒立太學及設宣文、宣教、崇儒、崇訓等十餘小學，並命郡國立學官；前秦符堅得王猛輔助，廣修學宮，召郡國學生通一經以上及六卿以下子孫入學受業；前燕慕容廆與慕容皝立東庠，慕容儁立小學；北燕馮跋建太學等。

及至南北朝時期，學校教育南朝以宋、梁兩朝較為發達，北朝則以魏孝文與宣武二帝時號為興盛。南朝宋文帝元嘉十五年（公元四三八年），設立「儒學館」；次年，又立「玄學」、「史學」與「文學」，總稱「四學」，為我國大學課程中有非儒家經典之始。二十年（公元四四三年），立國子學，七年後廢置。明帝秦始六年（公元四七〇年），立聰明觀，又稱東觀，亦分玄、儒、文、史四科，科置學士十人。齊太祖建元四年（公元四八二年）、議立國學，未果；武帝永明三年（公元四八五年），設立國學，罷聰明觀。梁武帝好學，天監四年（公元五〇五年），開設五館，置五經博士；五館生徒各數百人，為南朝教育最為興盛的時期。惜武帝晚年佞佛，學校漸衰；迨侯景亂起，學校遂廢。南陳以後，雖亦「稍置學官，博延生徒」，然「成業蓋寡」；（南史儒林傳）喪亂之餘，學校教育沒有發展的餘地。

至於州郡之學，南朝間僅偶有興學的記載。梁武帝天監四年，曾分遣博士、祭酒、至州郡立學；又選派學生到會稽雲門山，受業於盧江何胤。此外，宋杜慧度之於交州，齊豫章文獻王之於荊州、湘州，虞愿之於晉平，梁安成王、湘東王、元帝之於荊州，也有興學的紀載，其中最值得注意的，是梁邵陵王倫在南徐州，聘馬樞爲學士，講維摩經、老子、周易，融儒釋道於一爐，聽衆達三千人，開三家思想融合的先河。

談到北朝，北魏自道武帝初年，即立太學；天興二年（公元三九九年），增國子太學生員三千人；次年，又改國子學爲「中書學」。太武帝始光三年（公元四二六年），起太學於城東；太平眞君五年（公元四四四年），詔王公卿士的子弟入太學，百工技巧騶卒的子弟當習父兄的舊業，不許私立學校，違禁者師身死，主人門誅。孝文帝太和十年（公元四八六年），改中書學爲國子學；十六年（公元四九二年），開「皇子學」，亦稱「皇宗學」；十九年（公元四九五年），遷都洛邑，立國子、太學、四門小學；明年，立四門博士、置助教二十人。宣武帝即位之後，先後於正始元年（公元五〇四年）與延昌元年（公元五一二年）下詔營繕諸學，並添四門小學博士員爲四十人；一時學校興盛，「斯文鬱然，比隆周漢」。（魏書儒林傳）但後來分爲東西兩魏，學校遂衰。北齊承東魏之後，學校不振，僅孝昭帝皇建元年（公元五六〇年），曾有設置「國子寺」的紀錄。北周承西魏之後，學校略多；太學之外，又有「露門學」、「虎門學」及「通道觀」等。「露門學」或稱「路門學」，立於武帝天和二年（公元五六七年），與「虎門學」同爲教授貴胄的學校；「通道觀」立於建德三年（公元五七四年），與南朝宋的「玄學館」類似，爲此一時期思想轉變的產物。

北朝的州郡學，亦以魏爲較發達。魏獻文帝天安元年（公元四六六年），從高允的奏請，初立鄉學；依郡之大小定博士、助教與學生人數的多寡。但學生「先盡高門，次及中第」，帶有階級的意味。北齊文宣帝天保元年（公元五五〇年），亦詔修郡國學校；然「學生俱被差逼充員，士流及富豪之家皆不從調」，且「縱有遊隋，亦不檢舉」，（北史儒林傳）完全流於形式，實無學校教育可言。其他地方官員與學的，北魏有秦州的薛謹，范陽的裴延儁，恒農的劉道斌，河東的崔游、徐州的蕭寶夤，魯陽的酈道元等；北齊、北周則僅有南清河的太守蘇瓊與涼州刺史寇儁二人。

在私人講學方面，南北朝較魏晉略盛；載於史籍的，南方有雷次宗、顧歡、臧榮緒、徐璠、關康之、沈麟士、劉瓛、庾承先、朱異、何胤、沈德威、伏挺、賀瑒、孫暘等，北方則有張偉、梁祚、常爽、劉獻之、張吾貴、劉蘭、徐遵明、董徵、李孝伯、劉昞、杜台卿、刁冲、李鉉、張買奴，鮑季祥、鮑長暄、馬敬德、張雕、馮偉、馮充、熊安生諸人。（分見南北朝史）

此外，魏晉南北朝時期，與教育有密切關係的，爲當時盛行的九品中正制度。九品中正之制，創於魏文帝篡漢初年，「延康元年（黃初元年，公元二二〇年），尙書陳羣以爲天朝選用，不盡人才，乃立九品官人之法。」（文獻通考卷二十八）其法於州、郡立大小中正，由本州人士擔任，負選拔人才之責；「魏文帝初定九品中正之法，郡邑設小中正，州設大中正；由小中正品第人才，以上大中正，大中正核實，以上司徒，司徒再核，然後付尙書選用。此陳羣所建者也。」（二十二史劄記）「擇州之才優有昭鑒者爲中正，自拔人才，銓定九品；州郡皆置。」（通典十四卷）選拔標準，列爲九等，「中正……區別所管人物，定爲九等；其有言行修著則升進之，或以五升四，或六升五，倘或道義虧缺則降下之，或自五退六，自六退七矣。」（通考卷二十八）並且「三年一清定」。朝廷用人，即以此爲據，「若吏部選用，必下中正，徵其人居，及父祖官名。」（通典卷十四）當時何以會產生如此的一個制度？這乃是由於兩漢的選擧制度，已不能適應現實的需要，必須要有一個新的制度來代替。推究其原因，一方面是三國時期，「喪亂之後，人士流移，考詳無地」，而另一方面，鄉選里擧亦易形成朋黨與作僞等不良風氣，故九品中正制遂應時而生。然而此制施行的結果，流弊更多；其最大的缺點，是品評人才，祇重門第，不論才德，「高門華閥，有世及之榮，庶姓寒人，無寸進之路；選擧之弊，至此而極」，（二十二史劄記）造成當時社會上世族與士庶之間的嚴重階級對立。所謂「上品無寒門，下品無世族」，便是指此而言。故施行不久，即大遭時人詬病，劉毅「三難」與「八損」之說，最能切中其弊。雖然如此，九品中正制度在魏晉南北朝期間卻盛行了三四百年，「九品之制，創自魏文帝延康元年；南朝至於梁陳，北朝至於周隋，選擧之法，雖互相損益，而九品及中正，至開皇中方罷。」（通考卷二十八）「然魏晉及南北朝三四百年莫有能改之者，蓋當時執權者，即中正高品之人，各自顧其門戶，固不肯變法，且習俗已久，自帝王以及士庶，皆視爲固然而無可如何也。」（二十二史劄記）最後終爲科擧制度所取代。

三、大學教育設施

魏晉南北朝時期的教育，如前所述，一般均甚衰落；至其大學教育設施，雖然此一時期有關興學的記載，以由中央政府辦理的國學（大學）爲多，但泰半有名無實，或者爲時短暫，在中國教育史上，顯屬大學教育不振的時期。

首先談到三國時期的大學教育，曹魏因承襲兩漢的舊制，較有明文可稽。魏文帝黃初五年，首立太學於洛陽，並制定五經課試之法，凡太學生非在太學肄業二年試通一經者，不得列名學籍；明帝太和、青龍年間（公元二二七—二三六年），太學生也曾一度數達千人，但成效不佳，至如史傳所言：「中外多事，人懷避就，雖性非好學，多求詣太學；太學諸生有千數，而諸博士率皆粗疏，無以教子弟，子弟本亦避役，竟無能學習。冬去春來，歲歲如是。」（魏志王肅傳）至齊王正始年間（公元三四〇—二四八年），大司農劉馥爲提高師資素質與學生程度，嘗規定博士須能「爲人表」、「任人師」者，始可充任；而學生則凡二千石以上官員子弟年滿十五歲者，須一律遣送入學。然而實施的結果，卻是「博士輕選，諸生避役；高門子弟耻非其倫，學者有名無實，設教而無功。」（見魏志劉馥傳）至於吳蜀兩國，則史料極少。據吳志，僅載景帝永安元年（公元二五八年），詔立五經博士；而蜀志則亦唯有昭烈帝定蜀，以許慈爲博士；另華陽國志，蜀文立曾游太學；如此數則而已。

西晉統一天下之後，初期大學教育尚頗爲興盛。晉初太學，仍承魏制，設博士十九人；武帝秦始中（公元二六五—二七四年），太學生一度數達七千人。武帝咸寧二年（公元二七六年）以太學生徒衆多，更立國子學，簡稱國學，專收貴游子弟；內置祭國、博士各一人，助教十五人，後減爲十人。（晉書禮志）惠帝元康元年（公元二九一年），又以國學猥雜，限五品以上官員子弟入學。這是中國大學敎育自漢代的太學以後，由單軌制變爲雙軌制的開始。後八王之亂起，太學生年十六以上皆署吏，（見晉書趙王倫傳）學業已經衰替；繼以五胡亂華，京洛蒙塵，而太學與國子學亦俱被焚爲灰燼。

西晉滅亡，東晉偏安江左，大學教育設施若斷若續，不絕如縷。史稱元成兩帝時曾「立太學」、「置博士」，然「東序西膠，未聞於弦誦」，（晉書儒林傳）大概徒有虛名；而自穆帝到孝武帝，都係以「中堂」爲太學，則太學無固定校舍可知。到殷浩秉政，更罷遣太學生徒，國學求爲具文而不可得。淝水之戰以後，謝石請復與國學，孝武帝納其言，增造房舍五十間，選公卿二千石子弟入學，一時太學與國子學並立，但「建學彌年，而功無可名，憚業避役，存者無幾」，（宋書禮志）其衰頹可想而知。至此時北方諸胡所建立的政權，亦不重視敎育，大學敎育設施陷於一種若有若無的狀況；可攷的興學記載略有：前趙劉曜立太學，擇百姓年二十五以下十三以上千五百人，選朝賢宿儒加以敎授；後趙石勒立大學、選將佐子弟三百人爲生徒，後又置經學、律學、史學等祭酒；前秦符堅廣修學宮，召郡國學生通一經以上的爲太學生，並遣六卿以下子孫入學受業；前燕慕容廆置東庠祭酒，令世子率國胄受業，慕容皝立東庠，每月臨觀考試，學徒達千餘人；北燕馮跋建太學、置博士郎，選敎一千石以下子弟年十三以上的；南涼禿髮烏孤置博士祭酒，以敎冑子；西涼李暠立泮宮，增高門學士四百人。（以上分見十六國春秋、晉書、南北朝史）

自宋篡晉及魏滅涼，進入南北朝時期。南朝的大學敎育設施最大特色，乃是當時社會流行的「玄學」與「文學」，進入了國學，打破前此儒家經典獨佔的傳統；可說是一種進步的現象。宋文帝元嘉十五年（公元四三八年），立「儒學館」於北郊，由名儒雷次宗掌敎；次年，又命何尙之立「玄學」、何承天立「史學」、謝元立「文學」。此種「四學制」，爲後來唐代設立律、書、算等學導其先路。後元嘉二十年（公元四四三年），又立國子學。但元嘉二十七年（公元四五〇年），文帝駕崩，所立的學校均罷廢。明帝泰始六年（公元四七〇年），別立「聰明觀」，又名「東觀」，分設玄、儒、文、史四科，科置學士十八人；頗有近代大學分科系的意味。齊太祖建元四年（公元四八二年），議立國學，未果；武帝永明三年（公元四八五年），詔立國學，罷聰明觀，選敎公卿以下子弟二百餘人。梁武帝好學，天監四年（公元五〇五年），開設五館，置五經博士，由平原胡山賓、吳郡陸運、吳郡沈峻、建平嚴植之、會稽賀陽，分授五經；五館生徒各數百人，不分貴賤，給以廩餼，能射策通經，卽除爲吏。（南史儒林傳）又置律學博士，專敎冑子。天監五年（公元五〇六年），設「樂雅館」，以招來遠學。爲南朝大學的最盛時期。陳繼梁後，國學多廢；天嘉（公元五六〇年—五六五年）以後，雖力圖強作，但成效甚少。反而北朝的魏，由於政局比較安定，大學教育亦見興盛。北魏自道武帝初定中原，即立太學於平城，置五經博士，生員千餘人。天興二年（公元三九九年），增國子太學生員爲三千人；次年，改國子學爲「中書學」。太武始光三年（公元四二六年），起太學於城東；太平眞君五年（公元四四四年），詔王公卿士的子弟入學。孝文帝太和十年（公元四八六年），改「中書學」爲「國子學」；十九年（公元四九五年），遷都洛邑，更立國子學與太學。宣武帝時（公元五〇〇—五一五年），又先後下詔營經諸學，一時國學頗爲興盛。後來東西分裂，學校亦衰，北齊繼東魏之後，國學衰敗，至於「國學博士，徒有虛名」，「國子一學，生徒數十人」；（北史儒林傳）僅孝昭帝皇建元年（公元五六〇年），有設置「國子寺」的記載。（北齊書本紀）北周承西魏之後，學校教育略勝於北齊，太學之外，尙有「露門學」、「虎門學」與「通道觀」；前已述及，此不復贅。

最後，魏晉南北朝時期的私人講學，前文（二、一般教育概況）已分別列舉三國、兩晉及南北朝私人講學見於史乘者之名。一般而言，此一時期私人講學在人數上是魏晉不如南北朝，而在學風上則南北又各有好尙不同；南方多兼談佛老，北方則專研經術。至於此一時期私人講學是否多屬大學教育，以史料不足，難以斷言，但觀乎常爽「立訓甚有勸罰之科，弟子事之若嚴君」，（北史儒林傳）其設敎頗具規模，似非訓課童蒙的書館或村塾。而雷次宗嘗爲「儒學館」的主持人（見前），則從其受業的，必均爲大學程度的學生，更無可疑。其餘雖可類推，然不能臆斷。

陸、隋唐科舉時期（五代附）

隋唐時期在中國歷史上，有很多地方與秦漢時期相類似：第一、這兩個時期都是中國歷史上經過長時間的變亂而重歸統一的時期，並且前兩個朝代（秦與隋）都爲時短暫，而後兩個朝代（漢與唐）則立國時間較長；第二、這兩個時期的前兩個朝代均出過一個暴君（秦始皇與隋煬帝），而後兩個朝代均有一個我國歷史上經常提到的英明之主（漢武帝與唐太宗），所謂「漢唐盛世」，便是這兩帝王在位時所締造的；第三、這兩個時期的前兩個朝代在文化教育方面的建樹較少，而後兩個朝代則貢獻多而影響大。但前兩個朝代亦曾有對於後世社會文化影響深遠的措施，如秦始皇的統一文字與隋煬帝的興辦科舉。文字的統一對於教育的重要性，人所共知，至於科舉對於我國教育的不良影響，則更是衆口一詞，史不絕書。以此，關於此一時期我國大學教育的發展的敍述，雖然是略於隋而詳於唐，但卻不得不以「科舉」標題，以顯示其時代背景的特色。

一、社會文化背景

經過魏晉南北朝數百年的分裂與動亂，中國至隋唐時期始又再度統一；而此統一局面，亦如秦漢一般，是由隋奠其基，至唐而竣其事。就中尤以唐太宗在位期間（公元六二七——六四九年），雄才大略，文治武功，振爍古今，史稱「貞觀之治」，最爲後世所推崇。影響此一時期教育設施的各種背景，在政治方面，自隋煬帝到唐太宗的一段時間，是中國歷史上對外擴張的極盛時期，版圖增加，四夷賓服，唐太宗更被西域諸國尊奉爲「天可汗」，實爲曠古所未有。雖然中間一度武后及韋后亂政，但不久玄宗繼起，再現「開元之治」（公元七一三——七四一年），唯天寶以後（七四二——七五五年），安史之亂相繼發生，唐代遂由盛而衰。末年益以藩鎭、宦官與黨爭等禍亂，唐代終於由衰而亡。不過，由隋代建立、經唐代加以損益的各種政治設施，如中央政府組織的三省六部制，稅收方面的租庸調制，以及役政方面的府兵制（天寶以後廢）等，不僅制度完備，當時實施效果良好，並且對於後代有相當的影響。在社會方面，經五胡亂華的數百年血統混合，民族具有更豐富的活力，各種創造的活動，如文學、美術、音樂、工藝、醫藥、天文、數學等，均有極大的成就。且此一時期，社會階級已漸泯除，門第之見亦不如魏晉南北朝時期之甚，頗有利於社會的公平競爭與創造發展。最足以代表當時社會的，是全國最大都會的首都長安；人口衆多，市面繁華，交通便利，工商業發達，不僅是中國的政治、文化與經濟中心，同時也是國際上使節往來、互通貿易、以及文化交流的主要都市。但唐代末葉，禍亂迭起，五代十國，更是征戰無寧日，生靈塗炭，社會紊亂，雖白頭宮女，亦懶話「天寶舊事」了。至經濟方面，隋唐初期，沿襲南北朝時期的均田制度。此一制度建立於北魏文帝太和九年（公元四八五年），係全國人民按照性別與年齡，由政府計口授田；雖然各個朝代的年齡標準與授田多少不一，但在唐代仍又男丁授露田八十畝，桑田二十畝。然後再依據田制徵收賦稅，初唐之制是「有田便有租，有戶便有調，有丁便有庸」，即所謂的租庸調制。唐代中葉以後，均田制漸壞，土地兼併之風盛行，加上安史亂起，戶籍不確，租庸調難以施行，故兩種制度均無法維持；均田制漸變成私有制，而租庸調亦由春秋各徵一次的「兩稅制」所取代。及到五代，戰爭連年，生產減退，人民生活的痛苦，可想而知。

最後談到文化方面，佛教自東漢明帝永平年間（公元五八——七五年）傳入中國，中經魏晉南北朝數百年的介紹、傳佈與宣揚，到隋唐時佛教已成爲中國人主要的信仰；不僅一般市井小民信奉其因果報應與涅槃解脫之說，就是社會領導階層的知識分子，亦有皈依佛法及精研佛理的。特別是唐代，經典傳譯最盛，宗派建立亦多，爲我國佛教傳播與佛學研究的極盛時期。隋唐佛教盛行的原因與發展的經過，難以備述；此處僅略介紹其重要宗派與教義。佛教宗派至多，魏晉南北朝時期，在中國已有成實、三論、涅槃、地論、淨土、禪、俱舍、攝論等八宗流行；至隋唐又有天臺、華嚴、法相、眞言、律宗等五宗的建立，合共計爲十三宗。其後，涅槃歸天臺、地論歸華嚴、攝論歸法相，故唐代盛行十宗：天臺、華嚴、法相、眞言（密宗）、律、成實、三論、淨土、禪、俱舍。不過，佛教宗派雖多，大別不外大、小二乘；小乘自渡，大乘兼濟。至於佛教教義，各宗所論雖有不同，然大要均在闡明「三界唯心，我法皆幻」之義。而其修持，多係「由戒入定，由定生慧」；就中唯禪宗一派，即心是佛，異於諸門。禪宗亦名佛心宗或心宗，其教不立文字，不落言銓，明心見性，直指本來，除早期的「拈花微笑，代代相傳」的傳說外，自傳入中土，便逐漸華化；至六祖慧能時，業已脫胎換骨，成爲一種富於中國風味的宗教，不但當時傳佈最廣，宋代以後，更影響了我國學術思想（理學、見後）的發展，乃是這一時期重要的文化背景。此一時期與佛教競爭的，尚有道教。道教興於東漢末年，魏晉南北朝時，以清談玄論的關係，更見流行；李唐建國之後，以老子與帝室同姓，歷代君王均有祖護道教的措施，但唐代道教的傳佈，仍然不及佛教。至於儒家思想，自西漢定於一尊，已啓經學今古文之爭；魏晉以後，經學復分南北兩派；進入隋唐，着重調和南北，自唐太宗頒行「五經正義」於天下，經學形式雖見統一，然實質卻已中衰，遑論與釋道思想較一日之短長，乃是研究此一時期的教育史實的，不可不知的情況。除此而外，唐詩爲此一時期的時代代表作，雖科舉取士，亦重文詞，與兩漢的專以經典不同。當然此一時期的文化背景中，與教育關係最密切的，仍當首推科舉，由於是一種創新的制度，並且影響於教育太大，故併入下文（一般教育概況）討論，此處暫不述及。

以上所述各種政治、經濟、社會與文化的背景，在在是影響此一時期教育變遷與發展的重要因素，宜先介紹，以爲認識與了解此一時期教育設施的基礎。

二、一般教育概況

談到此一時期的教育設施，很顯然的，由於隋代國作較短，從開皇九年（公元五八九年）滅陳到義寧元年（公元六一七年）覆亡，前後不過二十八年，兼之史料不甚完備，不易攷訂，而五代則羣雄割據，戰亂相尋，政權嬗遞快速，自梁初至周末，五十餘年（公元九〇七——九五九年）之間，易姓凡五，易君十三，教育幾全停頓，學校求其爲具文而不可得；但唐代則不僅學校種類繁多，並且教育內容充實，較前此各代均爲完備而複雜，故其敍述詳於唐而略於隋，並以五代坿之，自屬允當。然亦不可否認的，唐代的各項教育設施，自教育行政至學校制度，均是在隋代的基礎上，加以損益，然後發展而成的；且科舉制度，雖備於唐，但實興於隋，因之，隋代的教育設施，儘管成效不彰，而其重要性卻不可忽視。以下分別敍述隋唐兩代的一般教育設施概況。

（一）隋　代

隋代統一中國，不僅結束了魏晉南北朝以來數百年的分裂與動亂，也下開唐代兩百餘年的統一與強大之局，在敎育發展史上，自亦有其不可忽視的重要性。據歷史的記載，文帝卽位未久，便於開皇三年（公元五八三年）先後下詔「購求遺書於天下」，及詔「天下勸學行禮」；（隋書高祖紀）又於開皇九年（公元五八九年）下詔：「……戎旅軍器，皆宜停罷，……武力之子，俱可學文；人間甲仗，悉皆除毀。有功之臣，降情文藝，家門子姪，各守一經。今海內翕然，高山仰止，京邑庠序，爰及州縣。」（同上）飭令偃武修文，崇儒興學。凡所設立的學校，在京師的有國子學、太學與四門學，爲普通大學性質，書學與算學，則屬專科性質，均隸屬於國子監；在地方的則爲郡學與縣學。但文帝末年，以各種學校，多而未精，詔令精簡，「於是國子學唯留學生七十人，太學、四門學及州縣學並廢」。（同上）及後煬帝卽位，諸學始再恢復。但以朝政日壞，師徒怠散，「空有建學之名，而無弘道之實」。除此而外，尙有不隸國子監的其他學校，如律學隸大理寺，醫學隸太醫署等，其設立與內容均不詳。至於官學以外的私學，隋代自始至終，均不甚發達，私人講學之風，亦不及漢魏之盛，爲我國歷史上私學的衰退時期。

在敎育行政方面，隋代承北周舊制，置國子寺，爲中央敎育行政機構，統轄中央各直系學校。開皇十三年（公元五九三年），改國子寺爲國子學，煬帝大業三年（公元六〇七年）、國子學又改稱國子監；其內部組織，據隋史百官志，「國子監依舊置祭酒、加置司業一人；丞三人，並置主簿、錄事各一人」，並由國子祭酒「統知學事」，卽其行政首長。

在隋代所有的教育設施中，如就其對於後代的影響深遠與重大言，則莫過於科舉。所謂科舉，是設立科目，以考試取士；其目的在於「登進人才而錄用之」，爲教育與政治二者之間溝通的一個重要環節。這種登用人才的方式，在漢代的鄉舉里選之後加以策試，便已肇其端；及至隋代，始成定制。科舉的創設，始於煬帝大業二年（公元六〇二年）的置進士科；❶其所以改變成法而以新的方式取士，主要的用意在於廢除主觀的品評而代以客觀的考試。原來我國古代選用人才，品德重於才智，漢代的選舉與魏晉以後的九品中正制，均是基於這個標準，以選拔人才；即使選舉之後再加策試，亦是品德先於才能，並且不能「懷牒自進」。這是選舉的基本精神。但是重德未必有德，兩漢選舉已有弊端，魏晉以後的九品中正制更造成了門第閥閱的不良後果，選舉制至此已到非改不可的地步，而科舉制遂因此應運而與。科舉制與選舉制的不同，主要在於人才選拔的標準，一重才而一重德；且選拔的方式，前者是士人「投牒自進」，而後者則須經人荐舉，至於施行的結果，選舉制易於徇私舞弊，形成門閥觀念，科舉制則公平客觀，直接可以選拔眞才，面接可以達成「布衣卿相」的理想。但是，一事起必有一弊生，當年選舉重德而終至無德，如今科舉重才卻未必得才。因爲考試只考文詞，而爲官重在實學，故登第之明經進士，由於「所習非所用，所用非所習」，爲官多不稱職。關於科舉的缺失，當時有識之士論之已多，❷不詳引述。這裏要特別強調的，乃是科舉對於教育的不良影響；約而言之，有以下幾點：1.自科舉之制興起，士人多羣趨於科舉之一途，學校教育遂不爲朝野所重視，而終淪爲科舉的附庸；2.由於科舉的主要作用，在於「登進人才而錄用之」，因而間接影響教育的目的，亦僅在爲出任爲官作準備，喪失敎

❶ 進士科的設置，隋書煬帝紀及通鑑均未記載，僅通鑑綱目有此一說。

❷ 如趙匡選舉議，見通考選舉五。

育應有的功能；3.科舉考試，偏重文詞詩賦，僅屬彫蟲小技，而非眞實學問，爲了應付考試，士人所學，均係空疏無用之學；4.科舉考試的命題範圍，不出經籍之外，不僅禁錮思想，抑且限汨性靈，對於學術思想的發展，實有極爲不利的影響；5.因受錄取名額的限制，競爭極爲激烈，士人爲了倖獲一中，不惜夤緣競奔，士風因此而敗壞，政治亦隨之而腐化。

以上爲科舉的起因、經過及其利弊得失的概略情形；至於大規模的實施，則在唐代，容下敍述。

(二) 唐代

唐代的學校敎育極爲發達，不僅學校的名稱繁多，而且學校的性質也甚爲複雜；有中央的學校，也有地方的學校，有直系的學校，也有旁系的學校，有平民的學校，更有貴族的學校。同時由於興廢不時，不易作有系統的敍述。玆概略地分爲中央與地方設立的兩大類，簡爲介紹：

1.中央的學校：唐代由中央政府設立的學校，有直系與旁系之分；直系的隸於敎育行政機關的國子監，旁系的則分別由各有關的省或部掌理。隸屬於國子監的直系學校，稱爲「六學」或「七學」。「六學」係指：⑴國子學，⑵太學，⑶四門學，⑷律學，⑸書學，⑹算學而言，前三者爲大學性質，後三者爲專科性質；至於「七學」，則加上玄宗天寶年間增設但不久旋廢的廣文館，亦屬大學性質。不隸屬於國子監的旁系學校，計有五所：⑴崇文館，由東宮掌理，⑵弘文館，直轄門下省，這兩館均爲貴族學校，近於大學性質，⑶醫學，由太醫署掌理，隸屬於中書省，⑷崇玄館，亦名崇玄學，玄宗開元二十九年（公元七四一年）設立，由祠部掌理，隸屬於尙書省，這二所學校屬於專門性質，⑸小學，由秘書省直轄，屬小學性質，爲貴族學校。

2.地方的學校：唐代地方政府設立的學校，也有直系與旁系之分；直系的學校，在府有府學，在州有州學，在縣有縣學；旁系的學校，則為由各府或州設立的醫學與崇玄學。以上的各地方學校，其程度或略低於中央的學校，但其畢業生不必一定升學於中央的學校，而可以直接以「鄉貢」的身份應試。

有關唐代各級各類學校的體系，略如下圖所示：

唐代學校系統圖

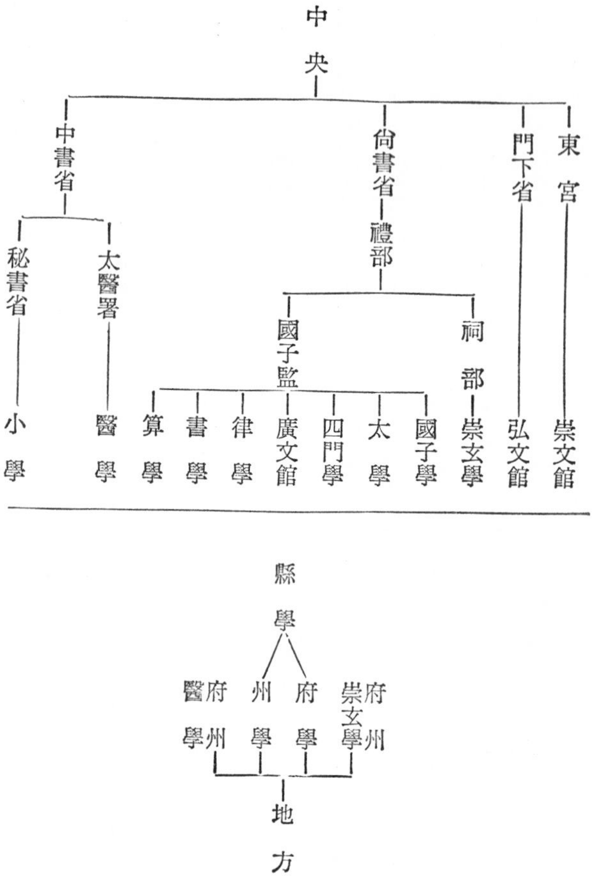

右述係官立的各級各類學校，均是初唐與盛唐期間，以隋制爲基礎而逐步發展完成的，如高祖即位之初，即詔令中央設國子學、太學、四門學，地方設郡學、縣學，並別立小學；太宗爲秦王時，便已有崇文館的設立，❸即位之後，又於國學增築學舍，所有各學，均增置博士與生員，一時「儒學之盛，古昔未有」；及玄宗在位期間，曾先後增設崇玄學與廣文館等皆是。中唐以後，教育的興廢多隨國勢的盛衰爲轉移，兵燹之餘，間或偶一復興，要不能與前此的盛況相比；且此時黨爭已起，學校與學生經常捲入漩渦之中，已失國家立學興教的原意。到了晚唐，以至五代，政局不安，學校多廢，教育活動，幾全停頓；其衰頹之狀，由必須扣減官俸與移支學生束修以「助修國學」，可以想見。至於私學，唐代私人講學之風，略盛於隋，而鄉里也有學塾；玄宗開元二十一年（公元七三三年），詔「許諸百姓任立私學，其欲寄州縣受業亦聽」，（舊唐書玄宗紀）更爲刺激私學的發達。

在教育行政方面，唐沿隋制，以國子監爲教育行政機關，但編制員額較多；除祭酒、司業、丞及主簿各一人外，尚另設府七人，史十二人與亭長六人，掌固六人，分司財務、官書、守衞、與營繕之責。國子監中間一度改爲司成館，不久又改爲成均監，均爲時短暫，不久仍復其舊。

唐代各項教育設施，雖均極一時之盛，但流傳久遠，影響後世的，卻是科舉制度。因爲科舉之制，雖始於漢、與於隋，而實大備於唐。唐代的科舉考試，不僅科目名稱繁多，並且制度完備，實施嚴格，廣爲歷代所取法，僅略有修訂而鮮根本的變更；清末雖經明令廢止，然時至今日，文官的高普考試與中上學校的聯合招生，仍有其流風餘韻。唐代科舉考試的科目，後人考訂，有謂五十餘科，有的說八十

❸ 崇文館當初或非學校，而係招賢納士之所，如太宗爲秦王時，常與十八學士（房、杜等）議論，至於夜半；（見通鑑卷一八九）嗣太宗即位，高宗爲太子，其性質始有所改變。愚見以爲，崇文館成爲學校，當在此時。

餘科；❹較為常見的計有：秀才、孝廉、明經、進士、俊士、明法、明字、明算、三禮、三傳、三史、童子、道學、醫學、武舉等科，但亦興廢無常，並非每科均定期舉行。例如秀才科，因為最難，及第人數最少，故舉行的次數亦最少。一般而言，科舉依其所欲登進的人才而分類，又分：(1)生徒：由中央及地方各學、館出身的學生所參加的；(2)貢舉：為經州縣選送之非學校出身的士人（鄉貢）而舉行的；(3)制舉：係天子特設，以待非常之才的。以上(1)(2)兩類，較常舉行，故稱為常科；第(3)類則視當政者的好尚而定，不拘常格。不過，考試科目雖多，然朝野上下所重，卻祇有少數幾科；最初是秀才科，秀才科停廢之後，進士科便獨佔鰲頭。這一方面固由於進士科較難於其他科，如俗言：「三十老明經，五十少進士」，可為佐證，而另一方面則是因為進士科乃是仕宦的正途，唐代「縉紳雖位極人臣，不由進士者，終不為美」。（文獻通考卷一九）按唐制，凡科舉考試，及第高者授予美官，次者亦授予出身，故士人均趨之若鶩，使專制帝王得遂其羈縻與利用的私心，當年唐太宗所說的「天下英雄，盡入吾彀中矣！」最可寫照。

科舉考試的內容，各科不盡相同；限於篇幅，不詳備述。茲以進士科為例，其考試內容以經義（經分大小，詳後）為主，間試子（如老子）史，後更加試詩賦。至於考試方法，則有試策、口問、墨義、帖經等方式。又為防止徇私舞弊，以保證考試的公平，各種防範與懲處的措施，均極為嚴格。在防止考生舞弊方面，唐代措施極為嚴苛，如通典載：「閱試之日，皆嚴兵衛，荐棘圍之，搜索衣服，譏訶出入，以防假濫焉！」（卷十五）在防範主司徇私方面，往往詔令覆試。（見登科記考）如發覺已有私弊，主司輕則貶謫，重則斬決；考生除本人受懲處外，重者亦處死，並貶所保之官。

---

❹ 王應麟因學紀聞謂有八十餘科；胡鳴玉訂譌雜錄則說有五十餘科。

以上是唐代科舉考試有關科目、內容、方法、防弊與懲處等措施各方面的概略情形，雖不能說已登峯造極，但亦可謂燦然大備；後代不過略爲斟酌損益，仿效施行而已。至於對於科學重視的程度，則又視當政者的好惡以爲定。

三、大學教育設施

此一時期的大學教育設施，如前所述，因隋代立國甚短，兼之史料不全，而五代戰亂不休，幾無教育之可言，唯有唐代不僅學校衆多，而且制度完備，故關於此一時期大學教育的敍述，必然較略於隋而詳於唐，並以五代坿之。

(一)隋代

隋代的大學教育設施，前面曾經提到，係始於文帝開皇九年滅陳之後，詔令京邑及州縣均設立學校；其中屬於大學性質的，有國子學、太學與四門學。當時國子學、太學與四門學，均置有博士、助教與學生；唯人數時有增減，定額不詳。前後十餘年間，大學教育頗見興盛。惜乎文帝晚年喜好刑名，以各種學校多而未精，下詔令廢中央的太學、四門學及地方的州縣學，僅國子學留學生七十名。一時遺散學生人數極多，大學教育因大受打擊。雖有大臣切諫，亦不採納。後煬帝即位，諸學於大業三年復開，庠序始又再續弦誦，然已不及隋初的盛況。諸學員生名額，國子學博士、助教各一人，學生無定額；太學博士、助教各二人，學生五百名；四門學博士、助教各五人，學生三百名。以上諸學的教育內容，均以儒學經籍爲主；至於課考詳情，以資料欠缺，不得而知。

除此而外，當時煬帝並曾召集儒生，使相與講論得失於東都之下，納言定其差次以奏聞，儒雅之風，亦嘗一見。但好景不長，後來煬帝便內躭逸樂，外事征伐，盜賊蜂起，天下騷動，學者轉死溝壑，經籍付於煨燼，隋代的大學教育設施，遂隨國運以俱廢。

在私學方面，隋代名師宿儒講學，屬於大學程度而見於史乘的不多，而以王通較爲有名。王通號文中子，文帝末年遊長安，赴闕獻太平十二策不用，賦東征賦而歸，敎授於河汾之間，遠方負笈而至者數百人；唐初名臣出於其門者，頗不乏人。另據隋書，房暉遠以敎授爲務，負笈者以千計；馬光敎授瀛博間，門徒千數；劉焯優遊鄉里，專以敎授著述爲務；劉炫歸家，以敎授爲務；王孝籍歸鄉里，以敎授爲業。（分見儒林傳及各本傳）其餘則不可考。

（二）唐代

唐代的大學敎育設施，初期雖由隋制演變而來，但既經建立之後，不僅制度較隋完備，且內容亦更爲充實。唐代官學中屬於大學性質的學校，有直系的國子學、太學、四門學與廣文館，及旁系的崇文館與弘文館；就中廣文館設立的時間短暫，一切敎育設施均不異於國子學、太學與四門學，而崇文館與弘文館均屬貴族學校，其敎育性質與課程內容等雖亦比照國子學，但學生的程度卻低於國子學等。故下文關於唐代大學敎育設施的介紹，側重於國子學、太學與四門學三者，廣文館則略而不論，至於崇文與弘文二館，僅介紹其員生名額與入學資格，餘均不贅。以下分述國子學、太學與四門學的沿革、學官、學生、課政與訓管事，俾明唐代大學敎育設施的實況。

1.沿革：唐代大學敎育的設施，向例分設東西兩都；此處所敍述的，係西都（長安）各學的興廢情形，至於東都（洛陽）諸學的情況，均具體而微，極爲近似，僅規模較小而已。就國子、太學與四門諸學的興設而言，自高祖初入長安，開大丞相府，便卽下令置生員；一切均係沿襲隋制。及太宗卽位，益崇儒術，於門下別置弘文館；（唐書選舉志）貞觀二年（公元六二八年）國學增築學舍四百餘間，國子、太學、廣文、四門亦增置生員（凡三千二百六十員）。（貞觀政要卷七）自天下初定，至貞觀十三年（公元六三九年），增築學舍至一千二百區。（唐書選舉志）太宗又數幸國學，令祭酒、司業、博士講論畢，各賜以束帛；四方儒生負書而至者，蓋以千數。俄而吐蕃及高昌、高麗、新羅等諸夷，亦遣子弟請入於學，於是國學之內，鼓篋、升講延者，幾至萬人。（貞觀政要卷七）高宗初年，尙能留心於國學之事；但永淳以後，武后亂政，「禮樂廢散，冑子棄缺，時輕儒學之官，莫存章句之選。」（聖曆二年韋嗣立疏）國學衰廢，至如陳子昂光宅二年（公元六八五年）上武后疏所言：「國家太學之廢，積以歲月久矣。學堂蕪穢，略無人迹；詩書禮樂，罕聞習者。」（唐會要卷三十五）玄宗開元年間，國學復興，各館學額亦增；並於天寶九年（公元七五〇年）爲鄭虔增設崇文館，但不久卽廢撤。惜安史亂後，學校多廢，生徒流離，儒臣師氏，祿稟無向。（唐書選舉志）肅宗至德後，兵革未息，國學學生不能廩食，生徒置散，堂墉頹壞，常借兵健居止。（舊唐書禮樂志）國學殘破，一至於此。代宗有意重建國學，詔以「古者設太學、敎冑子，雖年穀不登，兵革或動，而俎豆之事不廢。頃年戎車屢駕，諸生輟講，宜追學生在館習業，度支給厨米。」（唐書選舉志）復於永泰二年（公元七六六年）勅曰：「理道同歸，師氏爲上；化人成俗，必務於學。……頃以戎狄多難，急於經略，太學空設，諸生蓋寡；絃誦之地，寂寥無聲，函丈之間，殆將不掃；上庠及此，甚用憫焉。」因令諸道節度、觀察、都防禦使等之子弟，負經來學，集於京師；幷宰相朝官及神策六軍軍將子弟欲習業者，並令補國子生；其中身雖有官、欲坿學讀書者，亦聽。其學官委中書門下，即簡擇行業堪爲師範者充。學生員數多少，所集經業考試等第，並所供糧料及學館破壞要量事修理，各委本司作條件聞奏。是年二月朔，上丁釋奠，國子祭酒蕭昕奏諸宰相元載、杜鴻漸、李抱玉、及常參官、六軍軍將就國子學聽講論，賜錢五百貫，令京兆尹黎幹造食，集諸儒道僧，質問竟日。此禮久廢，一朝能舉。八月，國子學成；四日釋奠，宰相、常參官、軍將盡會於講堂，京兆府置食講論，軍容使魚朝恩說易，又於論堂畫周易鏡圖，具宮樂懸之於講堂前，又有教坊樂府雜伎，竟日而罷。（舊唐書禮樂志）元和中興，又定兩監學額，國學一時頗有再興氣象；唯與貞觀極盛時相較，其規模實不殆遠甚。後來，內亂外患交侵，國學隨國運以俱頹。舒元輿「問國學記」描述當時國學的悽慘景象，說：「遂入，見庭廣數畝，盡墾爲圃矣。……導者曰：『此積年無儒論，故庭化爲廢地；久爲官於此者圃之。』……循廊升堂，堂中無機榻，有苔草沒地；予立其上，悽慘滿服。」（唐文粹）進入五代，每況愈下，至學舍圮廢，亦無力修復；大學教育至此，已不堪聞問了。

由此看來，唐代教育之興衰，實與國家之治亂有密切的關係；但經費不足，無固定的財源以給其用，亦未始不是國學辦理不善的原因。劉禹錫嘗感嘆的說：「今之膠序，不聞弦歌，而宗廬圮廢，生徒衰少；非學官不欲振舉也，病無貲財以給其用。」（劉夢得文集奏記丞相府論學事）乃紀實之言。這是由於唐代教育經費，多由國庫支給，惟除學官的俸給係依品第支俸祿外，其餘各項經費與學生糧料等，則均無固定預算。天下承平，國家尚有裕餘的經費用於教育，如遇兵燹，則這項開支必首遭削減。唐代教育經費的來源，依其性質約可分爲三類：⑴、國庫撥款：凡修理館舍，講堂及廟宇，由國庫撥款開支，如「（代宗）永泰二年（公元七六六年）八月，國子學成，祠堂、講堂、六館院及官吏所居廳宇，用錢四萬貫，拆曲江亭子瓦木助之。」（舊唐書禮樂志）⑵、債稅收入：各學經費及學生糧料，由官債項下及其他稅收中指撥專款給用，如「（肅宗）至德二年（公元七五七年）定貸錢一萬貫、五分收錢，以供監官學生之費，青苗頭亦抽取一百文資用。」（同上）⑶、羣臣捐輸：每當國用支絀或有臨時及特別開支，則羣臣便捐輸俸祿以助，如「（憲宗）元和十三年（公元八一八年），祭酒鄭餘慶以太學荒廢日久，生徒不振，遂請率文官俸祿，修廣兩京國子監，時論美之。」（唐會要卷六十六）十四年（公元八一九年），鄭餘慶又奏：「京現任文官一品以下，九品以上，並外使兼京正員官，每日所請料錢，請每貫抽一十文，以充國子監修造文宣王廟，及諸屋宇，並修理經壁。」（同上）又「咸通中，劉允章爲禮部侍郎，建言羣臣輸光學錢，治庠序。宰相五萬，節度使四萬，刺史萬。詔可。」（文獻通考卷四十一）由於缺乏可靠財源的支持，致唐代的大學教育不能穩定的發展，這是中國教育史上層出累見的現象，可悲亦復可嘆。

2.學官：唐代國學學官、有博士、助教、直講、典學、掌固及文成等名稱。各學學官員額，據唐書百官志所載：國子學博士五人，正五品上、助教六人、從六品上、直講四人，（舊唐書職官志載尚有典學四人）另五經博士各二人，正五品上；太學博士六人，正六品上，助教六人，從七品上，典學四人，掌固六人；四門學博士六人，正七品上，助教六人，從八品上，直講四人，典學四人，掌固六人。（舊唐書職官志載尚有文成二十人）但崇文館與弘文館稱學士與直學士。員無定額；另尚有校書、令史與典書等，亦與國學不同。博士之職，掌分經教授生徒；五經博士，則各以所專經之學教國子。皆須選擇有經藝堪訓導生徒者充任。（昌黎先生集國子監論新註學官牒）元和十五年（公元八二〇年），韓愈爲國子祭酒，「奏儒生爲學官，日使會講，生徒多奔走聽聞；皆喜曰：『韓公來爲祭酒，國子監不寂寞矣。』」

（李翱韓文公行狀）助教掌佐博士分經教授；其服務成績優良者，可升充博士。如柳宗元「四門助教壁記」中說：「助教之職，佐博士以掌教篋複楚之政，分其人而教育之；……非博雅莊敬之流，固不得臨於是。故有去而升之於朝者，賀秘書由是爲博士。」（河東先生等）韓愈「施先生墓銘」亦說：「先生在大學者十九年，由四門助教爲太學助教，由助教爲博士。」（昌黎先生集）直講掌佐博士助教以經術講授；典學掌抄錄課業；掌固之職不詳；文成掌登錄成績。學官待遇，皆依其品第支俸祿；唐制俸爲錢，按月計，祿給米，以歲計。（詳見唐書食貨志）另國學學生入學，尙有束脩，以實物爲之，亦歸博士及助教所有。「（中宗）神龍二年（公元七〇六年）勅：學生在學，各以長幼爲序；初入學，皆行束脩之禮，禮於師。國子、太學各絹三疋，四門學絹二疋，……皆有酒酺。其束脩三分入博士，二分助教。」（唐會要卷三十五）「國子生初入，置束帛一篚、酒一壺、脩一案。」（舊唐書職官志）爲額外的收入。

3.學生：唐代國學學生，稱爲生徒；各學學額及入學資格，據唐書選舉志：「國子學生三百人（五分其經以爲業，每經六十人），文武三品以上子孫，若從三品以上曾孫，及勳官二品，縣公京官四京帶四品勳封之子爲之；太學生五百人（五分其經以爲業，每經百人），以五品以上子孫，職事官五品朞親，若三品曾孫，及勳官三品以上之子爲之；四門學生千三百人，其五百人以勳官三品以上無封、四品有封、及文武七品以上之子爲之，八百人以庶人之俊異者爲之。」至崇文館與弘文館的學生名額，前者二十名，後者三十名；其入學資格，均限皇室近親、太子、太后與皇后近親，曁勳官三品以上的子孫。國學學生年齡，均限十四以上，十九以下；由尙書省選補，而歸祭酒統領。其選補手續，係先由監司考試通畢，然後具姓名解申禮部補署收官。「（穆宗）長慶二年（公元八二二年），祭酒韋乾度奏：『當監四館學生，每年有及第闕員，其四方有請補學生者，並不曾先於監司陳狀，便自投名禮部，計會補署；監司因循日久，官吏都不檢擧，但准禮部關牒收管，有乖大學引進之路。臣忝守官，請起今以後，應四館有缺，其每年請補學生者，須先經監司陳狀，請替某人闕，監司則先考試通畢，然後具姓名申禮部，仍稱堪充生員；如無監司解申，請不在收管之限。」（唐會要卷六十六）至於厨米與宿舍，須待補署畢，關牒到監司，並重行考試及格後，當日便卽給與。然亦有不經選補手續而特准入學的，如「中宗反正，詔宗室三等以上、五等以下，未出身願宿衞及任國子生，聽之；其家居業成而堪貢者，宗正寺試、送監，擧如常法，三衞番下日，願入學者，聽坿國子學、太學及律館習業。蕃王及可汗子孫，願入學者，坿國子學讀書。」（唐書選擧志）又「開元七年（公元七一九年）勅：『州縣學生，年二十五以下，八品子若庶人二十一以下，通一經及未通一經而聰悟有文辭史學者，入四門學爲俊士；卽諸州貢學省試不及，願入學者，亦聽。』」（同上）以及永泰二年勅諸道節度、觀察、都防禦史、及宰相、朝官、神策六軍軍將子弟等，並令補國子生，（引見前）均是其例。

國學生徒，以貞觀時人數最多，而以貞元年間爲最少。開元時各館均定學額，永泰中則館無定員。玆以貞元十九年（公元八〇四年）爲例，時韓愈爲四門博士，奏請復國子監生徒，國子、太學、四門三館學生數額，僅有二百七十四人。「國家典章，崇重庠序；近日趨競，未復本原，至使公卿子弟，恥遊太學，工商煩冗，或處上庠。……今請國子館並依六典，其太學館量許取常參官八品已上子弟充，其四門館亦量許取無資蔭有才業人充。……緣今年擧期已近，伏請去上都五百里內，特許非時收補，其五百里外，且任鄉貢，至來年春一時考補。其厨糧度支，先給二百七十四人，今請新補人數，量加支給。」（昌黎先生集請復國子監生徒狀）前此則更少，貞元十四年（公元七九九年）、六館生徒共僅百餘人。憲宗元和二年（八〇七年）、置東都監生一百員；並定兩監學額：「西京國子館生八十人、太學七十人、四門三百人、廣文六十人；……東都國子館十人、大學十五人、四門五十人、廣文十人。……」（唐書選擧志）到十五年（公元八二〇年）韓愈任國子祭酒時，六學及廣文館共有學生六百人，（見昌黎先生集請上尊號表）人數雖已增多，但未達規定學額；與貞觀時相較，僅及五分之一。

4.課考：國學教科，國子、太學及四門學生皆五分其經（周禮、儀禮、禮記、毛詩、春秋左氏傳）以為業，（據唐六典，四門分經同太學）暇則習隸書、國語、說文、字林、三蒼、爾雅。習正業外，兼吉凶二禮；公私有事則相儀。（參見唐書百官志及舊唐書職官志）以上各科，凡禮記、春秋左氏傳為大經，周禮、儀禮為中經，易、尙書、春秋公羊傳、穀梁傳為小經。通二經者，大經小經各一，若中經二；通三經者，大經、中經、小經各一；通五經者，大經皆通，餘經各一，孝經、論語皆兼通之。凡治孝經、論語，共限一歲；尙書、公羊傳、穀梁傳，各一歲半；易、詩、周禮、儀禮，各二歲；禮記、左氏傳、各三歲；學書日紙一幅、間習時務策、讀國語、說文、字林、三蒼、爾雅。（唐書選擧志）且五經更有標準本，「貞觀四年（公元六三〇年）、太宗以經籍去聖久遠，文字訛謬，詔前中書侍郎顏師古，於秘書省考定五經。及功畢，復詔尙書左僕射房玄齡集諸儒重加評議，……頒其所定書於天下，令學者習焉。太宗又以文學多門，章句繁雜，詔師古與國子祭酒孔穎達等諸儒，撰定五經疏義，凡一百八十卷，名曰五經正義，付國學施行。」（貞觀政要卷七）而博士、助教則分經教授諸生，未終經者，無易業。諸生先讀經文通熟，然後援文講義；平時及歲終並均有考試。平時考試，於旬假前一日擧行，由博士考試，讀者千言試一帖，帖三言，講者二千言問大義一條，總三條，通二為第，不及者有罰；歲終考試則通一年之業，口問大義十條，通八為上，六為中，五為下，併三下與在學九歲不堪貢擧者，罷歸。學生通二經、俊士通三經已及第而願留者，四門學生補太學，太學生補國子學。（唐書選擧志）通四經業成，並每歲通兩經以上而欲求仕者，則呈於監、上於尚書，吏部試之，登第者加一階敘選；其不第則仍習業如初；三歲而又試，三試而不中第，從常調。（同上）但也有不經吏部之試而登第的，如「是歲（貞觀二年），大收天下儒士，……學生通一大經已上，咸得置吏。」（貞觀政要卷七）又「太學生何蕃，入太學者二十餘年矣，歲舉進士，學成行尊。自太學諸生推頌，不敢與蕃齒，相與言於助教博士，以狀申於司業祭酒，司業祭酒撰次蕃之羣行焯焯者數十事，以之升於禮部，而以聞於天下。」（昌黎先生集太學生何蕃傳）而高宗上元二年（公元六七五年），國子監置大成二十人，取已及第而聰明者爲之，試書日誦千言，并月試策所業十通七，然後補，其俸同直官。（唐書選舉志）無品第與編制，似係臨時增設的職位。

5.訓管：國學學生在學，除一般課考外，並有訓導活動與生活管理。唐代國學之訓導活動，首推釋奠之禮，乃是一種形式陶冶的教育，始於立國之初。「（高祖）武德二年詔曰：『盛德必祀，義在方册；達人命世，流慶後昆。爰始姬旦，主翊周邦，創設禮經，大明典憲，啓生民之耳目，窮法度之本源。粤若宣尼，天資睿哲，四科之教，歷代不刊，三千之徒，風流無歇。佳茲二聖，道著生民，宗祀不修，孰明褒尚？宜令有司於國子監之周公孔子廟各一所，四時致祭。』」（唐會要卷三十五）我國自古立學，必釋奠於先聖先師；（見禮記文王世子）唐代於國學內立周公孔子廟，及以周公爲先聖，孔子爲先師。貞觀二年，詔停周公爲先聖，始立孔子廟堂於國學；稽式舊典，以仲尼爲先聖，顏子爲先師，兩邊俎豆干戚之容，始備於茲。（貞觀政要卷七）其後，先聖先師名號與配享之賢哲，常有更改；至開元二十七年（公元七三九年），詔：「夫子既稱先聖，可謚曰文宣王。」並制「自今以後，兩京國子，夫子皆南面而坐，十哲等東西列傳，天下諸州亦准此」。（舊唐書禮樂志）自此以後，二京國子監、天下州縣，夫子始皆南面，以顏淵配；二京之祭，牲太牢，樂宮懸，舞六佾。（唐書禮樂志）其制遂大備。至釋奠之禮，多由皇帝親臨主持，或遣皇太子代行。其儀式初由儒官自爲祭主，直云博士姓名，昭告於先聖；嗣經貞觀二十一年（公元六四七年）中書侍郎許敬宗等奏定「今後國學釋奠，令國子祭酒爲初獻，祝詞稱皇帝謹遣，仍令司業爲亞獻，國子博士爲終獻」。（舊唐書禮樂志）釋奠畢，則由學官講論，各館生徒聽講；並由有司設食，朝官聽講。「貞觀十六年（公元六四二年）三月丁丑，太宗幸國子學親觀釋奠，祭酒孔穎達講孝經。」（同上）「開元五年（公元七一七年），始令鄉貢、明經、進士見訖，國子監謁先師，學官開講問義，有司爲具食，清資五品以上官及朝集使皆往閱禮焉。」（唐書選舉志）其隆重可以想見。

在管理方面，學生在館的生活與行爲，均受學官的管理；如有藝業不勤或行爲逾越規範，則予解退或繩之以法。唐代國學管理規則，概見於元和元年（公元八〇六年）國子祭酒馮伉及長慶二年祭酒韋乾度二奏章。元和元年，國子祭酒馮伉奏：「應解學生等，國家崇儒，本於勤學，既居庠序，宜在交修；其有藝業不勤，遊處非類，樗蒲六博，酗酒喧爭，凌慢有司，不脩法度，有一於此，並請解退。又有文章帖義，不及格限，頻經五年，不堪申送者，亦請解退。又准格，九年不及第者，即出監；聞比來每多改名卻入，起今以後，如有此類，請退送法司，准式科處。」（唐會要卷六十六）長慶二年，祭酒韋乾度奏：「請起今以後，學生有及第出監者，仰館子先通收納房，待有新補學生公試畢後，便給令居住。當監承前並無專知館博士，請起今以後，每館衆定一人知館事；如生徒無故喧競者，仰館子與業長，通狀領過，知館博士則准監司條疏處分。其中事有過誤，監司自議科決。其有恃慢師長，強暴鬬打，請牒府縣錮身，遞送鄉貢。」（同上）而於毆辱師長，科處尤重，據唐律疏義：「毆傷現受業師，加凡人二等；（其博士若有官品，則從品上累加）死者各斬。」（卷二十三）但中唐以後，學風敗壞，柳宗元即因羞與大學生爲伍而不入太學攻讀；其「與太學諸生書」說：「僕少時，嘗有意遊太學，受師說，以植志持身焉。當時說者咸曰：『太學生聚爲朋曹，侮老慢賢，有墮窳敗業而利口食者，有崇飾惡言而肆鬪訟者，有凌傲長上而誶罵有司者，其退然自克特殊於衆人者無幾耳！』僕聞之，恂駭怛悸，良痛其遊聖人之門而衆爲是之嗜嗜也。遂退托鄉閭家塾，考屬志業，過太學之門而不敢跼顧。」（河東先生集）柳柳州誠慨乎其言之。除此而外，國學亦有各種假期的規定：每旬有旬假，每歲五月有田假，九月有授衣假，二百里外給程；其不帥教及歲中違程滿三十日，事假百日，緣親病二百日，皆罷歸。（唐書選舉志）天寶十四年（公元七四四年）勅「國子監諸生等，既非舉時，又屬暑月，在於館學漸炎熱，其欲有歸私第及還鄉貫習讀者，竝聽；仍委本司長官具名申牒所繇任，至舉時赴監。」（册府元龜）則是夏季的暑假。

以上是唐代大學（國學）教育設施的大略；至於私人講學，由於官學發達，且科舉已盛行，其風似不甚盛。唐代名師大儒講學見於史乘的，爲數不多；其著者如：顏師古「家貧以敎授爲業」；孔穎達「還家，以敎授爲務」；王恭「每於鄉里敎授，弟子從遠方來者數百人」；張士衡「以年老歸鄉里，……燕王靈夔備玄纁束帛之禮，就家迎聘，北面師之」；馬嘉運「歸隱向鹿山，競專務儒業，門人數千」；尹知章「歸家則講授不輟，……遠近咸來受業」；又陸德明「初受學於周弘正」；而朱子奢則「少從鄉人顏彪習春秋左氏傳」；（以上分見唐書各本傳）數人而已，亦罕見漢宋私人講學的盛況。

綜右所述，唐代的太學教育設施，係以國子監隸的國子、太學與四門三學爲主；與前此相較，其制度顯見完備，而內容亦頗充實。但唐代國學學生的入學資格，有身分高低的規定，具有明顯的階級性，與漢代的太學相較，反而是一種退步現象；其次，唐代科舉盛行，學館生徒僅係貢舉的一途，與由州縣考選的鄉貢，均須升於有司而進退之，貢舉落第，則不能出仕，國學學生雖亦可經由吏部之試而登第，然以進士科乃仕宦的正途，朝野所重均在彼不在此，致學校喪失應有的功能，漸已淪爲科舉的坿庸；再者，唐代國學缺乏固定的經費，雖一應支用均由政府負擔，但國家承平，弦歌尚可維持不墜，一遇兵亂，黌宮便形同虛設。這些都是顯見的缺失，尤其經費一項，更是中唐以後大學教育日漸衰頽的主因。

柒、宋明書院時期

中國的大學教育，在隋唐五代以後，又進入一個新的時期：這個時期便是中國教育史上書院制度最爲盛行的時期。儘管在此一由宋至明長達七百餘年的期間內，屬於大學教育性質的中央官學（國子監與太學）仍由國家繼續辦理，然教育的重心，卻已非常明顯的轉移到書院。這一方面固由於書院的教育設施有其足以吸引青年學子或適應時代要求之處，而另一方面也是因爲當時的官學受科舉的影響而不爲世所重的緣故。雖然書院的末期，亦有類似官學的傾向，卽學生人在書院而心在科舉，但不可否認的，書院的教育乃是此一時期大學教育的最大的特色，與西洋時代相同而年代略晚的現代大學的興起相較，無論在制度、規模、以及教育內容等各方面，均足以相提並論，東西輝映。故關於此一時期我國大學教育的敍述，自不能不以書院顯其特色。不過，書院雖爲宋、元、明三代共有的制度，然兩宋實爲其極盛的時期，因而本文於兩宋的書院亦所論較詳。

一、社會文化背景

自唐末至五代近百年的紊亂局面，到後周世宗顯宗九年（公元九五九年）宋太祖建國後約二十年，中國又告統一。但宋太祖得國，係由於「陳橋兵變，黃袍加身」，故卽位之後，便力矯其蔽，收天下兵權，使不再爲亂；並厲行中央集權，擧凡地方行政、財政與刑罰諸權，均收歸中央，以免外重內輕。然由於過份中央集權的結果，亦種下後來敗亡的種子，如兵權集中，地方兵備薄弱，卒使兩宋無力抗禦外侮而致亡國。宋代是我國歷史上國勢最弱的朝代，疆域亦最狹小；終兩宋之世，不僅國土不能恢復，而且外患迭興，先後爲契丹（遼）、西夏、金、蒙古（元）所侵陵，最後終至亡國。宋亡元興（世祖至元十六年，公元一二七九年），建立一地跨亞歐兩洲、亘古未有之大帝國。然由於游牧民族不擅治道、政治腐敗，兼之宗室不和，常爲汗位繼承而起紛爭，故這一自成吉思汗建國（公元一二〇六年）、至世祖入主中華，到順帝退出中原（公元一三六八年）的大帝國，僅統治中國八十九年，便由明朝所取代。元末，天下大亂，羣雄並起；最後由明太祖統一中國，光復故土。明太祖雖爲民族英雄，但以出身微賤、秉性忌刻，故卽位之後，殘暴專制，殺戮極多。其後歷代君主，除成祖外，多係昏庸無道，且無一不專制殘酷，是中國歷史上政治最爲紊亂的朝代。中葉以後，內有黨爭與閹禍，外有倭寇與韃靼，國事幾無寧日。末年流寇四起，清又內侵，崇禎十三年（公元一六四四年）李自成入北京，思宗殉國，明祚告終。唯此時降將吳三桂引清兵入關，據北京，而明遺臣卻先後擁立明之宗室於南方，福、唐、桂三王共傳十八年，終於清康熙元年（公元一六六二年）亡於清，中國遂第二度陷於異族的統治。以上爲政治方面演變的概略情形。至於社會方面，自唐末五代以至宋初，兵禍連年，兼之異族佔據中國北部大部分領土，人民生活可說是水深火熱，極爲痛苦。北宋統一天下之後，國勢不振，民心士氣低落，尤以徽欽兩代，政治不修，外患日亟、社會紊亂，盜賊蜂起。靖康變後，南宋偏安一隅，苟且因循，奢靡腐化，不知自立圖強，妄想因人成事，終至引狼入室，爲元所滅。元代以異族入主中華，歧視漢人，社會階級既嚴，壓搾防範尤甚；加以貪墨成風，喇嘛橫行，荒歉連年，民不聊生，於是變亂四起，暴政亦因之瓦解。唯元代以國境遼濶，境內人種複雜，在其統治期間，彼此接觸增加，交通大見發達，於民族了解的增進與文物制度的交流，裨益頗多。明代建立之後，一時民心士氣，頗見伸張；惜因帝王專制殘暴過甚，自靖難之變，至閹璫專權，以至東林黨爭，正人君子，摧殘殆盡，而明之國祚亦隨之以俱亡。有明一代，僅鄭和下西洋，於東西之交通，對外的貿易，文化的交流，海外的移民，有所貢獻。談到經濟方面，宋初力矯唐末五代之弊，財稅一律收歸中央，地方不得隨意截留；並有商稅、礦稅、市舶與專賣等收入，但由於冗官與養兵太多，加以對外「歲幣」支出亦大，故財政頗見支絀。仁宗時已有改革之議，至神宗即位，乃用王安石變法；新政屬於財政與經濟方面的革新最多，然以用人不當，推行太驟，且舊黨力加反對，故前後九年，未收效果。後來新舊黨爭更甚，國事日非，北宋遂亡。南宋百餘年，經濟情況亦未見改善。元代則祇知聚斂，官吏又多貪污，民窮財盡，天下騷然。明代二百七十餘年之間，除早期數十年經濟狀況尚佳外，中葉以後，皇帝奢侈、宦官貪婪、人民生活久處水深火熱之中；末年更天災盛行，流寇四起，清兵又南下，明期至此已不能不亡了。

最後，屬於文化的背景，由於此一時期的時間較長，兼之社會進化的必然結果，其所涉及的面既廣，而內容也更多。擇要而言，影響於此一時期教育發展的文化背景，計有：理學的興起，書院的盛行，科舉的重視，印刷術的進步等。除印刷術的進步，係屬於物質的層面，其影響較為明顯而具體，可以略而不談外；其餘書院的盛行與科舉的重視二者，將留待下文（二、一般教育概況）討論。此處擬加以敍述的，僅為理學的興起及其重要的派別。

理學亦名道學，乃性理之學的簡稱，為北宋初期興起並流行至今的一種學術思想。這一新興的學術思想，形式上是以儒家傳統學說爲其骨幹，然內容方面卻摻合了不少釋道兩家的思想在內。原因是自漢武帝「表彰六經，罷黜百家」以後，儒家的思想與學說在中國已取得正統與主流的地位；然亦因此而抱殘守缺，較少進步。但印度的佛敎於東漢時期開始傳入中國，經魏晉南北朝至隋唐數百年的傳佈及與中國文化融合，佛敎不但業已華化、廣爲一般民衆所信奉，就是傳統儒家的知識分子，亦有援佛入儒，精研佛理的。同時我國固有的道家思想，在魏晉六朝時期，由於政治紊亂，精神苦悶，極爲清談玄論之士所好尙，引爲談資，藉作逃遁與寄托。因之，儒釋道三家思想，在中國遂成鼎立爭雄的局面。唐代中葉，少數儒家學者已有排斥異端、重振儒學的呼聲；到了北宋初年，時機成熟，一種形式上以儒家思想爲中堅，而實質上融會三家之長於一爐的新學說思想體系於焉建立，這便是後代盛稱的宋明理學。北宋理學的開宗人物是周濂溪（敦頤），合二程子（大程子明道、小程子伊川）、張橫渠（載）、與南宋的朱熹（晦菴），稱爲理學的四大派——濂、洛、關、閩。唯此四派之間，由於淵源與傳授關係，後來又導致理學與心學的分歧，卽所謂的程朱與陸王之爭。其間經過，頗爲複雜；而關鍵人物實爲二程兄（顥）弟（頤）。緣程氏兄弟早年曾從周濂溪受學，然以稟性不同，因而造道亦各異。據後人批評，在學問的規模上，明道是自然和平，天人一體，以高明之資勝，而伊川則系統周密，內容詳盡，以學問之功顯。較略言之，在形上的觀點上，明道持理氣一元論，伊川則是二元論者；在人性的問題上，伊川主張「性卽是理」，理無不善，故性亦無不善，而明道卻認爲善惡都是性；至論天理與人欲的關係，伊川強調「不是天理，便是人欲」，理欲對立而不能並存，明道則以「天人本無二」，理欲並非絕對對立❶。當年程氏兄弟講學，門下著籍甚衆；就中謝良佐（上蔡）與楊時（龜山）又爲程門高弟之最。後來，到了

❶ 詳參拙作「程顥、程頤」，收劉眞主編，「師道」，中華，六十一年。頁一三〇——三九。

南宋，朱熹由其師李愿中（侗）、上溯羅仲素（從彥）、而楊龜山、而二程，其學遠紹伊洛之統，集兩宋理學的大成，史稱程朱學派；而陸象山則因讀孟子有得而別樹心學一幟，雖與朱熹同時講學而常爲相異之說，益以兩家的人造作言語，朱陸之爭乃一時喧騰人口。其實兩派的差異，並不如傳聞誇大之甚。不過。心學一派經元而明，因王陽明（守仁）的發揚光大，確曾極一時之盛，不僅在國內發生重大的影響，並且傳播及於海外。但心學末流，空疏放誕，爲世所病，陸王學統，漸見消沉；而心學與理學之爭，亦已成爲學術史的陳迹了。

由於理學乃是此一時期教育發展的重要文化背景，故不吝筆墨略加撮述如上。

二、一般教育概況

由宋而元至明這一時期，雖爲時長逾七百餘年，然非常明顯的，其教育設施應以宋代爲重心。因爲書院固極盛於兩宋，而科舉之被重視亦自北宋開始；且宋代大學的三舍法，更是我國大學教育行政措施方面的創舉。元代以異族統治中國，其文化本極低落，而又歧視漢人，因之其所有教育設施，幾全係因襲，卻又帶隔離性，故較尠可述性。至於明代，僅光復初期略有新氣象，其後則一方面由於君主的專制，一方面又受科舉的影響，一般學校的教育，遂漸流於形式，亦少有可觀。以下分述宋、元、明三代的一般教育概況。

（一）宋　代

宋代立國之初，懲於唐末五代藩鎮之禍，重文輕武，集權中央，國勢雖然不振，教育卻甚發達。要而言之，宋代的教育設施，在下述三方面有值得重視之處：⑴宋代的各種教育設施，自行政、學制、學校經營與學生管理等，雖多因襲唐代，但較唐代頗多改進之處，如學田的設置，三舍法的實施（詳下）等是；⑵自宋太祖刻意提高考試制度的地位，一方面開闢寒畯出身的途徑，使門閥世族逐漸失勢，一方面也造成皇權的大爲伸張與士人仰賴君權的現象；⑶書院的盛行，不僅在中國教育史上放一異彩，並且對於當時及其後我國的政治、社會、文化與學術各方面均發生了重要的影響。以上三項，除書院一項於下文（三、大學教育設施之2.書院）另行討論外，此處先就學校教育與考試制度（科學）二者之間勢力交替消長及彼此相互影響的關係，略爲敍述。因爲北宋一代三次有關教育改革的變法，均牽涉到此二者之間的許多根本矛盾與不易解決的問題（關係）。

一般而言，科舉雖興於隋而盛於唐，但眞正受到重視並使之制度化的卻是宋代；而自宋以後的中國教育，甚至可以說是一個長期摧毀學校教育理想使之納入科舉範圍的過程。這個過程，始於宋太祖即位之後，有意扭轉自南北朝以降至於隋唐盛行的門第閥閱的風氣，特別抬高考試的地位；朝官多用科考出身，而少以門第入蔭，如宋太祖數言：「作相須用讀書人。」（宋史本紀）又說：「國家懸科取士，爲官擇人，旣擢第於公朝，寧謝恩於私室，將懲薄俗。」（宋會要選擧）從統治者的觀點看，考試制度旣可削弱門閥，伸張皇權，同時本身又甚公正，得到參與者的衷心擁護，可以使之成爲君主控制政治與社會的一項有效工具，實爲一種值得推行與維護的制度，這也是科舉制度千餘年來在中國一直盛行不衰並廣受稱道的主要原因。但這並不是說這種制度本身完美無疵，一無闕失；除開其對於教育的不良影響（參見前陸、之二）不說，科舉考試雖然公正，但並不公平，不能促進全社會的機會均等，尤其一時的考試，根本無從達到考察德行的目的。因之，北宋中葉以後，導因於兩種不同價值體系的矛盾與衝突，乃先後有三次與革新教育有關的變法。這三次變法是：第一次、由范仲淹策動的仁宗慶曆四年（公元一〇四四年）的改革；第二次、由王安石主持的神宗熙寧四年（公元一〇七一年）的革新；第三次、由蔡京推行的徽宗崇寧元年（公元一一〇二年）的改進。雖然這三次屬於教育革新的變法，均是半途而廢，未竟全功，然而對於宋代的教育卻有其不可忽視的影響，不可不知。

首先、談到范仲淹策動的第一次改革。范氏一向主張「勸學育才」，反對科舉的「不務耕而求獲」，如說：「夫善治國者，莫先育才；育才之方，莫先勸學。」又說：「當太平之朝，不能教育，俟何時而教育哉？乃於選用之際，患才之難，亦因不務耕而求獲矣。」（分見范文正公全集卷八九）慶曆三年（公元一〇四三年）、范氏以樞密副使而參知政事，便條疏十事請仁宗實行全面的改革；其中有一條爲「精貢學」。仁宗完全接納其意見，於次年下詔「天下皆興學」，詔云：「今朕建學興善，以尊士大夫之行；更制革弊，以盡學者之材。有司其務嚴訓導，精察學，以稱朕意。學者其進德修業，無失其時；其令州若縣皆立學。……」（宋史選舉志）仁宗本是一位重視學校教育的皇帝，其所以接受范仲淹的建議，要「更制革弊」，乃是由於宋初雖有國子監的設立，但學生入學僅爲取得應考拔解的資格，「試已則生徒散歸」、「殊無肄業之法」。這種情形，王洙在慶曆二年（公元一〇四二年）已經指出，並建議有所改進，慶曆四年范氏的改革計劃，實包括當時衆多的改進學校教育的人士❷的意見在內。范氏「精貢舉」的

❷ 如歐陽修之「詳定貢舉條例」說：「使士皆土著而教之於學校，然後州縣察其履行，則學者修飭矣。」（全集）又王洙奏請在國學應規定：㈠在學滿三百日的限程，本授官負其責，本朝官保證，始得預秋試；㈡凡入學受業，月且即親書到曆，如遇私故或疾告歸寧，皆給假，遠程及期月不來參者，除其籍。（引見余書麟「中國教育史」，中册，頁五四一。

全部計劃不詳述，這裏僅提出其中有關考察德行的部分：1.在國子監及新設的太學裏，學生必須住校學習五百天以上，始可參加科舉；已經參加過考試落第的，則需留校三百天以上始准再參加考試。2.在大規模新建的州縣學校中，學生須在學三百天以上，始准參加考試；而學生入學，須有兩位曾參加過禮部考試的人（到省擧人）保證，證明這位學生「無不孝不悌踰濫之行，及不曾犯刑責或曾經罰贖而情節不重」。3.地方州縣考試，「但令本處官屬保明行實，其彌封、謄錄一切罷之。」❸很顯然的，這些規定的主要作用，在於矯正宋初以來科學只重本身的公正而忽略德行的考察的缺點；然連帶的學校教育的正常功能亦因此而得以恢復。不過，在黨爭的情勢下，慶曆四年的教育改革，施行不到一年便告失敗，學生在學的規定以及廢止彌封、謄錄的辦法都被推翻了，甚至所設立的州縣學校亦多名存實亡，而有如後來王安石所說的「方今州縣有學、取牆壁具而已」；（臨川先生文集卷卅九）及蘇東坡慨嘆地說：「慶曆間嘗立學矣，至於今惟空名僅存。」（宋史選擧志）這種局面，持續了二十幾年；到神宗熙寧二年（公元一〇六九年），王安石參知政事，推行新政，其中關於「教育之方，課試之格」，詔令「兩制、兩省、侍制以上、御史臺、三司、三館臣僚、各限一月內具議狀聞」，北宋的教育又醞釀第二次的改革。詔下之後，參與討論的官員甚多；王氏的新政雖遭人反對，但屬於教育與考試方面的變革，則除蘇東坡外，無人非議。熙寧四年，王氏拜相，新法次第施行；學校與貢擧方面的變更，計有：罷試詩賦、帖經、墨義，專考經義、策論；創太學三舍法（見後），增太學員額；令各州路府立學，並各給田十頃，以贍養學生；頒行「三經新義」，以統一教材。這些措施，均經先後施行；惟尙未大見成效，便因神宗之死，冰山已倒，新法亦隨王氏的去位而全遭罷廢，一切仍復舊觀，哲宗在位期間（公元一〇八六—一一〇〇

❸參見李弘祺，宋代教育散論，東昇，六十九年。頁五一——五二。

年），舊黨與新黨輪流執政，教育政策時有變更，教育事業亦興廢無常。及至徽宗崇寧元年（公元一一〇二年），蔡京爲相，復行新法，北宋又進行了第三次的教育改革。蔡京執政二十餘年，在教育方面所推行的改進措施計有：建立三級學校制度，在中央爲太學，在州爲州學，在縣爲小學，並且規定循序漸升，「縣學生選考升諸州學，州郡學三年貢太學」；（宋史選舉制）廢除科學，取士均由學校升貢；優遇學生，給予學錢，崇寧五年（公元一一〇六年）著令：「凡州學上舍生升舍，以其秋及貢入辟雍，長史集合郡官及提舉官，具宴設以禮敦遣，限歲中齊集闕下；自川廣福建入貢者，給借職劵，續其路食，皆以學錢給之。」（同上）不過，此時北宋國事已非，內亂外患交侵，靖康二年（公元一一二七年），金兵南下，北宋的教育遂隨國運以俱終。南宋偏安江左，國步維艱，不遑興辦教育；中央雖有太學，但「名存而實亡」，州縣之學，亦均「聚食而已」，殊無足述。

以上爲宋代教育政策變更與教育事業興衰的概略經過；至於具體的教育設施，宋代自中央至地方，均廣設學校，唯以設置時間不一，兼又興廢靡定，法令規章亦常更改，詳情難以備述。以下略舉宋代各級各類學校的名稱、設立經過與性質，藉明其概。宋代的學校，設於中央的計有：1.國子監：宋代立國之後，於太祖建隆二年（公元九六一年）正式開設國子監，太宗端拱二年（公元九八九年）改稱國子學，繼於淳化五年（公元九九四年）復名國子監；爲普通教育性質的大學。2.太學：創設於仁宗慶曆四年；大學性質。3.辟雍：創立於徽宗崇寧元年，又名外學，係太學的別院（預科）；南渡以後廢。4.四門學：創立於仁宗慶曆三年（公元一〇四三年），後罷廢；大學性質。5.廣文館：創立於哲宗元佑七年（公元一〇九二年），越二年即罷廢；亦屬大學性質。6.律學：創立於神宗熙寧六年（公元一〇七三年）。7.算學：創立於徽宗崇寧三年（公元一一〇四年）；廢置不常。8.書學：與算學同時創立。9.醫學：創立於神宗時；正確年代不詳。10.道學：創立於徽宗政和六年（公元一一一六年）。11.武學：創立於仁宗慶曆三年，旋罷廢；神宗熙寧五年（公元一〇七二年）復置。南宋高宗紹興十六年（公元一一四六年）又重建。12.畫學：與算學、書學同時創立。13.小學：創立於神宗熙寧六年。14.內小學：南宋理宗時（公元一二二五—一二六四年）時創立；正確年代不詳。15.宗學：神宗時創立，旋廢；徽宗時復置；南宋高宗紹興十四年（公元一一四四年）又重立。16.諸王宮學：北宋時已有；南宋初又重立，寧宗時（公元一一九五—一二二四年）併入宗學。以上自律學至畫學，均爲專科性質的學校；而小學爲初等教育性質；自內小學至諸王宮學，則爲貴族學校。至於設於地方的學校，有州學、軍學、監學、縣學，均創設於仁宗慶曆四年；內容與性質近似太學，程度可能較低。因爲這些學校的學生，於太學施行三舍法時，均可升貢太學的外舍（辟雍）。又各州縣尙有醫學，創立於徽宗政和五年（公元一一一五年）；屬專科性質。而各州縣小學，則創立於徽宗崇寧元年（公元一一〇二年），爲小學性質。

官學而外，宋代私人講學之風極盛，爲歷代所僅見。宋代私人講學有一個特色，便是宋代書院盛行，學者講學多在書院；書院介於官學與私學之間，程度相當於大學。至私人講學不在書院的，其程度較書院有過之無不及。有關此二者，下面還要論及，此不贅述。

在教育行政方面，宋代中央教育行政，由禮部掌理；禮部之職權，據宋史職官志：「禮部掌國之禮樂、祭祀、朝會、宴饗、學校、貢擧之政令。」學校與貢擧爲其職掌之一部分。禮部的首長爲尙書，侍郎爲之貳，郎中、員外郎參領之。宋代地方教育行政，由提擧學事司負責；「提擧學事司掌一路州縣學政，歲巡所部，以察師之優劣，生員之勤惰，而專刺擧之事；崇寧三年置，宣和三年罷」。（宋史職官志）其設置時間甚短，職權似限於人事之察擧，是否有辦事的專署或有無綜理教育行政的全權，均不得而知。也許宋代教育行政方面最值得後世稱述的，是教育經費的充足與穩定；而此則得力於「學田」制度的建立。以田養校的辦法，是宋初大儒孫奭想出來的；他於眞宗乾興元年（公元一〇二二年）即曾請准以其私人的職田十頃來輔助袞州的廟學，（宋會要崇儒）而並非始於仁宗天聖二年（公元一〇二四年）的賜田江寧府的茅山書院。（同上）自此之後，天下州縣「願立學者，皆詔可之，稍增賜田如袞州」。（文獻通考卷四十六）乃逐漸成爲一種制度。宋代官私學校之得以穩定發展，不致因時局的變動而興廢，學田制度有其重大的貢獻。

(二) 元代

元係蒙古遊牧民族，開化頗晚；當與宋對峙的遼及金盛時，蒙古嘗先後爲其藩屬。後叛金自立，國勢驟盛；最後竟併滅南宋，統一中國。由於此種關係，元代的教育設施，受遼、金與宋的影響甚大。一般而言，在教育政策方面，元代效法遼金，採取隔離措施，以保障其本族的權益，而在學校制度方面，則多沿襲守舊，以懷柔漢人。元代興置學校，始於太宗六年（公元一二三四年）之以馮志常爲國子總監，選侍臣子弟十一人入學。世祖（忽必烈）登極以後，於至元十四年（公元一二七七年），創設蒙古國子監，二十四年（公元一二八七年）創設國子監；後仁宗於延佑元年（公元一三一四年），又創設回回國子監。至此，中央教育行政的體制乃告確立。地方教育行政機關，則爲諸路儒學及醫學提擧司。

談到各級學校的設置情形，元代的學校大別可以分爲三類：1.中央學校；2.地方學校；3.特殊學校。

1.中央學校：元代由中央辦理的學校，有國子學、蒙古國子學、與回回國子學。以上三所學校，很顯然的是三種性質、目的或功能不同的學校；而同時由於性質、目的或功能的不同，也導致了其敎育內容與招生對象的有異。玆略述其梗概：⑴國子學：創設於至元六年（公元一二六九年），隸屬國子監；招收蒙古、色目與漢人朝官子孫及平民子弟之俊秀者，程度自小學至大學均有，課程以儒家經典與文字爲主。（詳後）⑵蒙古國子學：創立於至元八年（公元一二七一年），隸於蒙古國子監；招收蒙古、漢人百官及大性集賽臺官員的子弟，課程以蒙譯通鑑節要爲主。⑶回回國子學，創設於至元二十六年（公元一二八九年），隸屬回回國子監；招收公卿大夫及富民之子弟，課程以回文（直譯爲「亦思替非」）爲主。由上所述，可以看出這三所學校，除國子學爲普通性質的學校外，其餘蒙古國子學與回回國子學則係專門性質的學校；而在程度上，國子學又分上、中、下三齋，下齋相當於小學，中齋類似中學，僅上齋屬於大學。故以下關於元代的大學敎育設施的論述，亦以國子學爲限，並偏於上齋而略及中齋與下齋。

2. 地方學校：元代地方政制，係於「行中書省」之下，分路、州、府、縣四級；各級政府均設有學校。這些學校可分爲以下幾類：⑴路學：創立於至元九年（公元一二七二年）；⑵府學；⑶州學：又分上州學及下州學；⑷縣學；⑸小學：設路學內（如國子學）；以上幾類學校均創設於至元二十八年（公元一二九一年），爲普通性質的學校。另尚有專門性質的學校；⑹諸路醫學：創立於世祖中統二年（公元一二六一年）；⑺諸路蒙古宗學：創立於至元六年（公元一二六九年）；⑻諸路陰陽學：創立於至元二十八年。至於這些學校的程度，就普通性質的路、州、府、縣學而論，雖其敎材亦爲儒家經典，略與國學相同，但程度當較低。因爲國學的學生可以參加貢試（禮部試），而地方學校的學生僅能參加鄉試。以此，以下關於元代大學敎育的討論，遂不及於地方學校。

3.特殊學校：元代除正規的學校外，又設有特殊的學校；這些學校有：(1)孔、顏、孟三氏學：創立於中統二年，專敎孔子、顏子、孟子三姓的後裔子孫，專究經術；(2)書院：元代書院與宋代略有不同，宋代書院多爲士大夫所設，而元代則自至元二十八年下詔「凡先儒過化之地，名賢經行之所，與好事之家出錢粟贍學者，並立爲書院」，（元史選擧志）更爲立山長，於是書院非常發達；然其性質已近於官學，而其程度亦如國子學，自大學至小學均有，故於敍述元代的大學教育時，亦併論及。

除此而外，私人講學在元代並不禁止；不僅如此，有些地方學生不願進入官學就讀，還准在家延師或傳授父兄家學，而資格與待遇仍與在校的學生相同，開後來「依親入監」的先河。唯以資料較少，難以詳述。

最後，科擧在元代仍沿襲唐宋之舊擧行，但在辦法上卻更周密。元代科擧考試分三級：鄉試與會試取資格，各考三場，但擧人亦可任官；廷試定等第，發榜漢人居左榜，蒙古及色目人居右榜，顯有種族隔離的意味。

元代一般教育概況，略如右述；雖然後世評論以爲「學校之敎，至元其弊極矣；上下之間，波頽風靡，學校雖設，名存實亡」。（明史選擧志）但元代學校在世祖至元年間，數達二萬四千四百餘所，（元史世祖本紀）不可謂不多。其所以能夠如此發達，有學田以保障教育經費的獨立，注重學校與農事的聯絡，嚴密對於學校與教師的監督，難謂全無建樹。

(三) 明　代

明繼元興，中國雖然脫離異族的統治，但政治專制的本質未變，進而有變本加厲之勢。明代的教育設施，多沿宋元之舊；初期尚稱發達，中葉以後，政治旣腐敗，科擧又盛行，學校教育遂日見消沉，甚至書院亦不能與宋元之盛相提並論。玆據史料，略述明代的教育設施於次。

明代建國之初，頗爲重視教育。太祖「初定金陵，以元集慶路儒學爲國子學」；（續文獻通考）「洪武元年（公元一三六八年），命品官子弟及民俊秀通文義者，並充國子生」；又「洪武二年（公元一三六九年）十月，詔天下府州皆立學」；而「洪武八年（公元一三七五年）正月，詔天下立社學」；（以上均引見續文獻通考）中央及地方各級學校，均先後分別設立。其後，各級各類學校教育的發展，卽以此爲基礎，僅間有興廢盛衰，而鮮有根本的變革。加上宋元時期盛行的書院、明代的學校大別有以下三類：1.中央學校；2.地方學校；3.特殊學校。

1.中央學校：明代中央的學校，僅有國子監與宗學。宗學爲貴族學校，可不必論；國子監爲普通性質學校，學生程度自小學以至大學均有，創於開國之初，其時當元至正二十五年(公元一三六五年)，稱爲國子學。洪武十五年(公元一三八二年)，改稱國子監；成祖永樂元年(公元一四〇三年)，又設北京國子監，於是國子監乃有南北二學。另洪武八年(公元一三七五年)，又嘗在鳳陽府設立一所國學，名爲中都國學，嗣於洪武二十六年（公元一八九三年）廢止。有關國子監的教育設施，詳見下文，此不多述。

2.地方學校：明代的地方學校，正式設立於洪武初年，名稱繁多，設立普遍；大別可以分爲普通性質的學校與專科性質的學校兩大類。屬於普通性質的學校計有：(1)府學；(2)州學；(3)縣學；(4)都司儒學；(5)行都司儒學；(6)衞儒學；(7)都轉運司儒學；(8)宣慰司儒學；(9)按撫司儒學；(10)諸土司儒學；(11)社學。以上各學，設立的年代不同；府、州、縣學係設於內地各省，而儒學則設立於邊疆及特殊地方，僅社學全國普遍設立。各學教育的內容，除社學爲小學性質外，其餘均類似國子監，而程度略低。學生入學的資格，僅都司儒學、行都司儒學與衞儒學限收武臣子弟，其餘均無限制；唯府、州、縣學的學生，因受入學名額的限制，而有廩膳生、增廣生與坿學生之別。至於各學招生的名額，隨行政區域的大小而有不同，且常有增減，不備述。屬於專科性質的學校則有：⑴京衞武學；⑵衞武學；⑶醫學；⑷陰陽學。各學教育內容如其性質，招生對象與名額，篇幅所限，從略不贅。

3.特殊學校：明代的特殊學校，主要爲書院。明代書院雖不如宋元之盛，然早期政府及民間亦頗有設立的；中葉以後，執政及閹黨先後加以裁抑與摧毀，書院遂逐漸凋零殆盡。有關書院的教育設施，以其與大學教育的關係較爲密切，容於後面討論。

在教育行政方面，明代中央無專設的教育行政機構；但國子監置有祭酒及司業等，以司國子監的教令，似亦兼管中央的教育行政。至於地方教育行政，明初曾置儒學提舉司；英宗正統元年（公元一四三六年），始設提督學校官，南北直隸各置御史一員，餘置按察使、副使或僉事一員，專督學校行政、督撫、巡按與布政二司都不得侵犯學事，地方教育行政具有程度甚高的獨立性。

以上爲明代學校教育設施與教育行政的概略情形；雖然明初有意網羅人才於國學，但由於科舉盛行，學校反不爲世所重。明代科舉制度，多係沿襲宋元；唯科目僅餘進士一科。科舉考試分鄉試、會試、殿試三級，每三年舉行一次。鄉試在各省會舉行，由各府、州、縣學生員參加，試三場，中式者爲舉人，可以參加會試；會試在京師禮部舉行，由各省中式舉人參加，亦考三場，及格者再參加殿試，以定等第；殿試發榜分三甲：一甲三名，狀元、榜眼、探花、賜進士及第，二甲若干名，賜進士出身，三甲亦若干名，賜同進士出身。由於競爭激烈，同時考試內容偏重經義，明代中葉（成化、弘治）以後，逐漸形成八股——徒重文章的格式、內容陳腐空洞，束縛思想，汨沒性靈，爲害極大。盛行數百年，至清末始廢。

綜右所述，明代的教育設施，可說是學校與科舉並行，初期頗有意於學校培育人材，故學校尙稱與盛，中葉以後則科舉重而學校輕，加以朝政紊亂，學校教育遂江河日下，徒具虛名。然與歷代相較，有明一代的教育設施，仍有值得我們注意的地方。約而言之，教育行政的獨立，前面提到的明代地方教育行政具有程度甚高的獨立性，爲歷朝之所無，此其一；其次，地方教育的重視，尤以社學的設立，使教育大爲普及；再其次，學校的管理周密完備，如學規禁例之嚴格，監生歷事制的創立等（參見下文），均爲明代教育的特色；最後，學校教育重視武事（習射）與法律，亦爲歷代所僅見。

三、大學教育設施

宋、元、明三代的大學教育設施，從上述此一時期的「一般教育概況」看來，無論官學與私學（以書院爲代表），均以宋代爲最盛，明代次之，元代則較不發達。以下分述此三代的大學教育設施。

(一) 宋　代

如前所述，宋代的大學教育設施，官學有中央政府辦理的國子監、太學、四門學、辟雍與廣文館，私學則私人講學在書院與不在書院，均極一時之盛；故討論宋代的大學教育，這兩方面的設施皆不可缺，唯較爲偏重於太學及書院。至於地方的州、軍、監、縣學等，雖其內容與性質與太學相類似，但程度則較低，難以併歸一類討論；前已述及，此不復贅。玆分述宋代的官學與私學的教育設施於次：

1.官　學

談到宋代的大學教育，官學似較私學（特別是書院）爲遜色；然而，在中國大學教育發展史上，宋代太學的教育設施，尤以三舍法施行之後，亦頗有可資稱述之處。唯於此宜加以說明的是，在五所官學之中，其所以僅提及太學，實以太學在宋代的大學教育設施方面，有其特別的重要性，並且其地位也最微妙。關於這方面的問題，須從五所官學的設立與彼此間的關係來探究。就設立的時間來說，顯然國子監最早，太學較晚；四門學與廣文舘均設置的時間甚短，設立不久卽罷廢；而辟雍則是設立最晚，且南渡後亦罷廢。（見前）就彼此之間的關係而言，四門學與廣文舘因設立不久卽罷廢，可以不論；辟雍爲太學的外舍（預科），關係雖密而重要性較低，唯有國子監與太學的關係最爲複雜並且微妙，非三言兩語可以說得淸楚。以往常誤以此二者爲一，或者以爲如唐代一樣，一爲教育行政機關，而另一爲其所屬的學校之一。直到最近始發現，國子監與太學本來是兩所不同的學校；但自太學創設後，二者卽有合而爲一的趨勢，最後二者確是合而爲一，或者說是國子監太學化了。李弘祺在其「北宋國子監與太學的經費」❹一文中，便曾如此說：

宋朝的高等教育史，可以看作是「國子監太學化」的過程。一般贊成改革的人都希望太學能儘量少受國子監的控制，而一般反對改革的人則不希望太學從國子監分出來。有宋一代，於是出現了太學爭取獨立預算和敎員的現象；有時成功，有時失敗。但在這依違的關係中，太學生和國子生卻逐漸水乳交通，融合在一起，生活與共，大部份時間因爲預算和敎員都相同，因此十分難以分辨。特別是因爲兩學學生都住在一起，於是國子監與太學就常被混用，涇渭不分，最後竟不能再

---

❹ 同❸，頁五七。

分別淸楚。太學生後來因大勢所趨日益增多，勢壓國子生，於是國子監就充分太學化了。

由以上的分析，可以看出宋代的大學教育設施，官學部分實以太學爲重心。以是，本章關於宋代官學之大學教育的討論，亦以太學爲主；並以三舍法的施行貫串其與其他各學之間的關係。其詳情則有如下文所述。

前面曾經提到，宋代的國子監係設於太祖建隆二年；但顯然的與唐代的國子監不同，不是教育行政機關，而是一所學校。因爲國子監在成立後，不僅曾經一度於太宗端拱二年更名爲國子學，並且國子監也招收學生，其學生的身份是「以京朝七品以上子孫爲之」。（宋史選舉志）事實上，宋代設立國子監，目的是敎養唐朝的國子學及太學的學生，混稱國子生；不過用的名稱不是國子學而是國子監。國子監設立之後，不久便遭遇到一個現實問題，乃是有資格可入國子監的國子生不見得能接受國子監的教育，而沒有資格入國子監的應考人則希望能利用國子監的設備，準備舉業。因此，太祖開寶八年（公元九七五年），遂有准許不夠資格當國子生的應考人入國子監坿讀，以填補國子生缺額的措施。到了仁宗慶曆二年，因天章閣侍講王洙的建議，政府決心整頓國子監，並准八品以下庶人子弟也收監讀書，而另設一個「四門學」來容納他們。然而，在慶曆四年范仲淹策動教育的改革時，卻又另外設立「太學」。太學既經設立，其所招收的學生，依其入學資格（見後）而論，實卽四門學的學生。因此太學乃取代了四門學，而四門學則被罷廢。不僅如此，太學設立之後，如前所述，又導致國子監的太學化，終使二者之間涇渭不分，混而爲一。有關國子監與太學混合的詳細經過，難以備述；這裏僅列擧幾項數字，以爲太學逐漸取代國子監的佐證；熙寧初年，太學內外舍共有學生三百名，而國子生則有九百名；元豐二年（公元一〇七九年），新定「學令」施行，國子生名額定爲二百名，而太學則三舍生合共二千四百人，到崇寧年間，太學生人數增加到三千八百人，而國子生仍維持爲二百人。由太學生與國子生二者之間人數的消長情形來看，太學的地位是日趨重要，而國子監則逐漸沒落，最後終至於混合爲一，使人不知二者本有區別，也就是說國子監充分太學化了。

在既經明瞭太學在宋代大學教育設施中的地位及其與另外幾所學校的關係後，接着來再討論太學本身及三舍法的施行。太學創立於仁宗慶曆四年范仲淹執政之時，係出於判國子監王拱辰等的建議，「慶曆四年，判國子監王拱辰等言：『首善京師，自漢太學二百四十房，千八百餘室，生徒三萬人；唐學舍亦千二百舍，合國子監才二百楹，不足以容學者，請以錫慶院爲太學。』從之。」（文獻通考卷四十一）嗣以更造錫慶院乏財費多，而使臣錫宴之所又不可缺，乃復以太學爲錫慶院，而以馬都虞侯公宇改葺爲太學。范氏罷政後，太學一度淪爲國子監的坿庸，太學僅有「三二十人而已」。到神宗即位，著意儒學，曾數度擴建太學校舍，如「熙寧四年，盡以錫慶院及朝集院西廡建講書堂四；諸生齋舍，掌事者直廬，始僅足用」。（宋史選舉志）及「元豐三年，頒學令；太學置八十齋，齋各五楹，容三十人」。（同上）至徽宗崇寧三年，又建辟雍，以處貢生，爲太學的外舍，「崇寧三年，令將作少監李誠，即城南門外相地營建外學，是爲辟雍。」（同上）爲太學的極盛期。南渡之初，兵興餽運，未遑興學；高宗紹興二年（公元一一四二年），始增修臨安府學爲太學。（宋史本紀）十三年（公元一一五三年），兵事稍寧，乃重建太學，（宋史選舉志）以岳飛第爲校舍。

太學的學生，「以八品以下子弟若庶人之俊異者爲之。」（同右）徽宗時，定州縣學生三年選升之制，稱爲貢生，「崇寧元年，宰臣請天下州縣並置學……縣學生選考升諸州學，州學生每三年貢太學。至則附試，別立號考，分三等：入上等補上舍，入中等補下等上舍，入下等補內舍，餘居外舍。」（同上）南渡後，太學生又稱弟子員，其選補亦有改變，「紹興十三年，兵事稍寧，始建太學；……凡諸道住本州學滿一年，三試中選，不犯三等以上罰，或不住學而曾兩預釋奠及齒於鄉飲酒者，聽充弟子員。」（同上）後來又有混補與待補之法；所謂混補，是科舉之後，落第舉人參加考試，合格的補入太學；所謂待補，乃取諸路、州、軍解試終場人數百分之六，補試爲太學弟子員。（詳見文獻通考及宋史選舉志，文繁不具引）太學生名額，初無定員，「慶曆嘗置內舍生二百人，熙寧初又增百人，尋詔通額爲九百人。」（宋史選舉志）後三舍法行，名額迭有增多；「……生員釐爲三等：始入學爲外舍，初不限員，後定額爲七百人；外舍升內舍員二百；內舍升上舍員百。」（同上）「元豐二年頒學令，太學置八十齋，齋各五楹，容三十人；外舍生二千人，內舍生三百人，上舍生百人。」（同上）徽宗崇寧元年（公元一一〇二年），貢士盛集，又有增額之議；「蔡京又奏：『……今貢士盛集，欲增太學上舍至三百人，內舍至六百人，外舍至三千人。』」（同上）南宋太學弟子員，初以三百人爲額，「紹興十三年，命太學弟子員以三百人爲額。」（宋史高宗本紀）後來數增至千五百餘人；「紹興十三年，……（太學）養士七百人：上舍生三十員，內舍生百員，外舍生五百七十員。」（宋史選舉志）「紹興十五年二月，增太學弟子員百人……八月復增太學弟子員二百。」（宋史高宗本紀）「紹興十六年春正月，增太學外舍生額至千人。」（同上）「開禧二年（公元一二〇六年），增太學內舍生爲一百二十人。」（宋史寧宗本紀）「嘉定二年（公元一二〇九年），增太學內舍生十員。」（同上）又「慶元嘉定中，始兩行混補，於是增外舍生爲千四百員。」（宋史選舉志）太學生分習五經，各執一經從所講官受學。學官舊係國子監直講，掌以經術教授；景佑中（公元一〇三四——三七年）始以八人爲額，每員各專一經；熙寧四年，增直講爲十員，率二員共講一經。元豐三年（公元一〇八〇年），直講改稱太學博士，員額仍舊，「元豐官制行，始置太學博士十人，……掌分經教授，考校程文，以德行道藝訓導學者。」（宋史職官志）博士而外，太學學官尚有學正、學錄、職事學錄、學諭、直學、齋長、齋諭等；其員額與職掌，宋史選舉志均有詳明的記載，限於篇幅，不詳引錄。其後，太學學官員額時有增減，要皆依元豐之制；南渡後則員額減少。

以上是太學的設置及演變、太學生與學官等的概略情形；至於三舍法的施行，其作用本在於「所以考校生徒，以定高下，而憑黜陟」，乃是王安石推行新法中的一部分，於熙寧四年開始施行。據史載：「熙寧四年十月十七日，中書門下言：『近制增廣太學，益置生員，除主判官外，直講以十員爲額，每二員共講一經，委中書選差，或主判官奏舉，以三年爲任；選人到監五年，與轉京官，或職事不修，並委主判官聞奏，當議陞黜。其生員分三等，以初入學生員爲外舍，不限員，自外舍升內舍，內舍升上舍；上舍以一百員、內舍以二百員爲限。其生員各治一經，從所隸講官講授；主判官直講逾月考試，試列優等，並申納中書。學正、學錄、學諭仍於上舍人內逾經選二人充。如學行卓然尤異者，委主判及直講保明聞奏，中書考察，取旨除官，次第選充。其主判、直講、職事、生員、並第增添支食錢。』從之。」（續資治通鑑長編）這個改革太學的方案，可說是王安石「講求三代所以敎育選舉之法」（乞改科條制劄子）理想的見於實行。王氏素來嚮往「古之取士，皆本於學校」，故三舍法的施行，卽是想以學校代替科舉。但是事實並未能眞正做到；王氏罷相後，三舍法更一度名存實亡。直到蔡京執政，元豐學制頒行，三舍法始再度全力推行，「元豐二年十二月乙巳，御史中丞李定等言：『竊以取士兼察行藝，則是古者鄉里之選。蓋藝可以一日而校，行則非歷歲月不可考。合酌周官書考賓興之意，爲太學三舍選察升補之法，上國子監勅式令，並學令凡百四十三條。』詔行之。」（續長編）依據這個詔令，「太學置齋舍八十齋，齋舍三十人；外舍生二千，內舍生三百，上舍生百，總二千四。生員入學，本貫若所在州給文據，試而後入；月一私試，歲一公試，補內舍生，間歲又一試，補上舍生。彌封謄錄，如貢舉法；而上舍則學官不與考校。諸齋月書學生行藝，以帥教不戾規矩爲行，治經程文合格爲藝。長、諭、學錄、學正、直講、主判官，以次考察籍記。公試外舍生入第一、第二等，參以所書行藝，預籍者升內舍。內舍生試入優平二等，參以行藝升上舍。上舍分三等：俱優爲上；一優一平爲中；若一優一下爲下。上等命以官，中等免禮部試，下等免解。」（同上）新的詔令較舊的詔令更爲完密，擧凡學生的入學、考察、升舍、以及任官等，均有詳明的規定。唯此處宜加以說明的，即上述的規定，在執行時常有變易，甚至完全更改。以入學而論，太學試補外舍生，除「驗所隸州公據」外，元豐、紹聖、元符年間，均一歲四試；然「紹興十三年，每歲春秋兩試；旋一歲一補……俄又詔三年一試」。（宋史選擧志）又其間元符二年（公元一〇九九年），諸州皆行三舍法，各州每歲許貢三人至太學，「元符二年初，令諸州行三舍法，考選升補悉如太學；州許補上舍一人、內舍二人歲貢之。其上舍附太學外舍，試中補內舍生，三試不升舍，遣還其州；其內舍免試，至則補外舍爲生。」（同上）而崇寧元年（公元一一〇二年），宰臣（蔡京）請天下州縣並置學；縣學生選考升諸州學，州學生每三年貢太學。三年，各州貢士至，乃建辟雍（外舍）以處；遂罷試補，太學生皆由升貢，由州郡貢之辟雍，由辟雍升入太學。及宣和三年（公元一一二一年），詔罷天下州縣三舍法，太學生入學，仍經試補。就考察而言，太學生在學，有各種考試，「月一私試，歲一公試，間歲一舍試」。私試「孟月經義，仲月論，季月策」；公試「初場以經義，次場以策論」；舍試則係內舍生升上舍生的考試，「皆參考所書行藝廼升」。崇寧三年，立考選法，關於「考校生徒，以定高下，而憑黜陟」，規定更爲具體而明確，「崇寧三年立考選法，凡貢士入辟雍外舍，三經試不與升補，兩經試不入等仍犯上三等罰者，削籍，再赴本州歲升試，是名退送；卽內舍已降舍，而又一試不與或兩犯上四等罰者，亦如外舍法退送。太學外舍已預考察者，許再經一試，以中否爲留遣；餘升降退送悉如辟雍法」。(同上) 這是經由考察而決定是否升舍、再試、或退送的一般情形；至於舍試成績優異，因此而得以任官，依元豐舊制，須再經考試，又入優，則可以「命以京秩」，是謂「兩優釋褐」。「元豐舊制，內舍生校定分優平二等；優等再赴會試，又入優，則謂之兩優釋褐。中選者，卽命以京秩，除學官。」(同上) 其後校定分上中下三等，入上等者便可任官，「太學舊制，止分立優平二等，自今(崇寧三年)敎令辟雍太學試上舍中程者，皆參用察考，以爲升補；其考察試格，悉分上中下三等」。(同上) 因此時科擧既罷，取士悉由學校升貢，故舍試卽如禮部試，可不經再試，便可爲官。

以上爲太學及天下(州縣學)三舍法實施的概略情形。一般地說，宋代的大學敎育設施，係以太學爲其骨幹，尤以三舍法實施後，不僅本身建立了一種良好的考察學生的制度，使宋代的大學敎育得以健全的發展，並且一度影響了國家考選人材的政策，停罷科擧，天下取士，悉由貢擧。「崇寧三年，遂詔天下取士，悉由學校，其州郡發解及試禮部法並罷」。(同上) 惜乎三舍法施行未能貫徹到底，天下三舍法不久卽罷，僅太學仍存，復以科擧取士，學校又再淪爲貢擧的坿庸。「宣和三年，詔罷天下三舍法，開封府及諸路並以科擧取士；惟太學仍存三舍以甄序課試，遇科擧仍自發解」。(同上) 不僅如此，三舍法的施行，亦有不公不實之處，如「時州縣悉行三舍法，得免試入學者多當官子弟」；又「及八行科立，則三舍皆不試而補」；更有「凡有官人不入學而願試貢士者，……隨內外坿貢士公試；……中選入上等者升差遣，兩等賜上舍出身，……」(以上均引見宋史選擧志) 此外，太學考校生徒，本由講官主持，嗣因發生「考校不公」的事，元豐年間，外舍補內舍、上舍，皆自朝廷差官考校；紹聖年間，公試朝廷亦派員參考，「哲宗紹聖三年，司業龔原言：『公試依元豐舊制，以長貳試，輪差博士五員考試；乞朝廷更差官五員參考。』」（宋史職官志）自此「上舍試，則學官不預考校」，（宋史選擧志）造成了太學師生「不相見」的情況。法美意良的三舍法，不意實施的結果竟是如此，實非始料所及。

2. 書　院

一般而言，宋代的大學敎育，是私學勝過官學；而私學中書院又爲此一時期最具代表性的學校。雖然，自三舍法施行，太學亦曾一度頗見興盛，但若與同時盛行的書院相較，則仍相形見絀。兩宋的書院敎育，在中國敎育上佔有極爲重要的地位，其成就與貢獻，亦燦爛輝煌，難以磨滅。宜不吝篇幅，關於書院敎育的各方面，自緣起、演進、以至規章制度、敎育內容與敎學方法等，加以論述。

書院極盛於宋，宋初白鹿洞、石鼓、應天、嶽麓，即有四大書院之名；其後建立者，更不知凡幾。然就其起源而論，書院之名實始自唐（玄宗）開元六年（公元七一八年），「玄宗改乾元院爲麗正修書院；十一年（公元七二三年）春，於大明宮光順門外造麗正書院，夏詔學士侯行果等侍講周易老莊等；十三年（公元七二五年），改麗正書院爲集賢殿書院，玄宗嘗選耆儒，日一人侍讀，以質史籍疑義」。（見新唐書百官志及玉海）是書院最初爲修書之地，並有侍講侍讀之事。後唐人多以書院名所居讀書之所；至南唐時，書院已成敎授生徒的學校，而白鹿洞書院實爲其濫觴，號爲國學。朱熹在「申修白鹿洞書院狀」中說：「南唐之時，因建書院，置田以給諸生，立師以掌敎導，號爲國學。」廬山志亦載：「南唐昇元中，建學館號廬山國學。」由此看來，書院乃與於唐、經五代、至宋而大盛的一種制度，其性質亦由修書、而讀書、而授徒講學，逐步轉變，並非如後人所謂因受佛敎禪林制度的影響而建立的。⑤

書院的起源、演變，已略如右述；接着談到書院的設立及其內部的組織與經費等情況。就宋代的書院來說，初期類多爲學者所闢建；這些學者或絕意仕進，教授爲業，或有心世務，振興名教，故於政府官學之外，自行設立書院，以爲講學處所。但亦有由私人，官吏或政府設置的，唯爲數較少，據續通考載：「自白鹿洞、石鼓、應天、嶽麓四書院後，日增月益，書院之建，所在有之。寧宗開禧中，則衡山有南嶽書院，掌教有官，育士有田，略仿四書院之制。至理宗時尤夥，……」書院的內部組織，現已難得其詳；通常係由設立人自行主持，或由設立人聘請他人主持，亦有由官吏延聘或政府派充之人士主持，甚至有官吏自行主持的。因之，頗難謂「主持者，要皆爲一代大儒」，或「山長皆一時之選」。至於主持人的名稱，有山長、洞主、堂長、堂主、齋長、講席、主講、師等，而以山長爲最普遍；要之，卽書院的教師與施教人。山長之下，尙有副山長、助教、講書等名目，協助教導，然非定制。書院與主持人的關係最爲密切，受其影響亦大。兩宋理學發達，理學家講學在書院的甚多，如朱熹之在白鹿洞書院，陸象山主講應天山精舍，不僅形成一種學術思想，並且及於政治與社會風氣，其影響與貢獻，可說是既大且廣。在經費方面，各書院的經費來源不一；大別有官產、私捐與官捐俸祿三類。官產與私捐較易明白，卽政府或私人爲書院建立講堂與齋舍，或爲置學田，以供書院貲用；僅官捐俸祿一項，須略加說明。原來宋朝有一個特別的制度，卽「設祠祿之官，以佚老優賢」；在這個制度下，凡仕途不得意或告老致仕的官員，大都可領到一份祠祿，而這些官員又多奉祠講學，將祠祿捐給書院，作爲維持書院經

⑤ 近人或謂書院的起源，係受佛教禪林制度的影響，程道生兄曾據先師黃建中先生的考據，力陳其非；其所著「中國書院教育新編」（師大教研所集刊第一輯，頁一一三——一三八），言之綦詳，可以參閱。

費的一部分。其餘尙有捐俸祿與田產的，爲書院經費的來源之一。

有關書院的探究，除右述幾方面而外，更重要的尙有書院的課考與訓導，或卽書院教育的內容與方法。課程方面，我國官私學校自漢書以降，均以儒家經典爲主要教材；書院旣爲講學而設，而宋代書院主持人又多爲理學家，其課程與教材偏重於儒家經典，應無可疑。玆以白鹿洞書院爲例：白鹿洞南唐時建爲國學，以國子監九經李善道爲洞主；（見陳舜俞廬山記）宋太平興國三年（公元九七八年），知江州周述請賜九經書肄習之，詔從之；（王應麟玉海）又淳熙八年（公元一一八一年），朱熹疏請賜國子監經書。（朱子年譜）其餘四書及史子等，間亦在課程範圍之內，如朱子跋白鹿洞所藏漢書云：「子和五世祖磨勘府君式，南唐時讀書此洞；……今子和弟子徵之家，尙藏其手抄孟子管子書，云是洞中日課也。」（朱文公文集）此外則史料不足，不敢臆測。必到元明以後，書院課程始漸有定制；就中元程端禮所訂之「讀書分年日程」（見後），尤爲個中翹楚，爲元明清三代公私學校奉爲準繩。而程氏讀書日程，則是承朱熹白鹿洞教規而訂定的，二者後人合稱白鹿洞書院教規，亦可見宋代書院課程影響後世之一斑。至於考試，宋代書院在這方面留下的資料極少，僅續通考有一則記載，可以學之略概其餘：「潭州故有嶽麓書院，至是御書其額賜之；復於湘水西別建書院，州學生月試積分，高等升湘西嶽麓書院生，又積分高等，升嶽麓精舍生。潭人謂之三學生」。頗爲類似太學的以三舍法考校生徒，惜詳情不得而知。

談到書院的教育方法，廣義的方法應包括訓導與教學的方法二者，而宋代書院所重，實在於訓導；故宋代書院的教育方法，訓導方法又較教學方法爲完備，留下的資料亦較多。就訓導的方法來說，書院主持人多爲碩學名儒，其平日言行，固已能收耳濡目染之效，而其祭菜祀賢之禮，又有潛移默化的功能；更具體的是，立爲學規，以資勗勉，頗爲類似今日學校的訓導章則。玆以朱熹手訂「白鹿洞書院揭示」爲例，作爲代表：

白鹿洞書院揭示

父子有親，君臣有義，夫婦有別，長幼有序，朋友有信。

右五教之目，堯舜使契爲司徒，敬敷五教，卽此是也；學者學此而已。而其所以學之之序，亦有五焉，其別如左：

博學之，審問之，愼思之，明辨之，篤行之。

右爲學之序，學問思辨四者，所以窮理也；若夫篤行之事，則自修身以至處事接物，亦各有要，其別如左：

言忠信，行篤敬，懲忿窒慾，遷善改過。

右修身之要；

正其誼不謀其利，明其道不計其功。

右處事之要；

己所不欲，勿施於人，行有不得，反求諸己。

右接物之要。（朱子文集卷七十四）

這個揭示所包括的內容，極爲廣泛，舉凡今日教育上所謂的教育目的、教育方法、訓育綱領等，無不賅備，要之爲一以訓導工作爲核心的完整教育計畫。由此不難想見，宋代書院教育的理想與實際方針，是多麼的完備而具體。就教學方法來說，宋代的書院不若後代的書院詳備；大致以講解與諷誦爲主，問答與討論爲輔。間亦有時賢蒞臨講演，如朱熹「跋金谿陸主簿白鹿洞書堂講義後」說：「淳熙辛丑春二月，陸兄子靜……至白鹿洞書堂；請得一言以警學者。子靜旣不鄙而惠許之；……」又有以高第代授之法，據宋元學案：「鄧文範在槐堂中稱齋長；有求見象山者，象山或令先從先生問學。」又：「傅子雲成童登象山門，以其少，使先從鄧文範；尋晉弟子之位。應天山精舍成，學者坐以齒，先生在末席，象山令設一席於旁，時命先生代講。」（見槐堂諸儒學案）皆是其例。

以上是宋代書院教育設施的大略情形；誠如後人所說：「書院之興，……延歷三朝，敎思彌廣……雖非典制，不隸官司，而育才進士之功，至爲宏大。」（經世文五編）這是因爲書院多爲講學而設，富有理想，而主持人又多爲經明行修之士，學生亦不汲汲於功名富貴，故率能糾合同道，兢業於學行德業之追求；且行政與經費獨立，學習環境優良，敎學方法亦不落傳統的窠臼，其能有如此的成就與貢獻，良非偶然。

宋代私人講學，不全在書院；其盛況在中國敎育史上，僅兩漢可與媲美。北宋私人講學不在書院的，以孫復（泰山）胡瑗（安定）爲其先導，而安定尤享盛名。胡氏早年以經術敎授吳中，嗣先後任蘇湖兩州學及太學敎授，於當時的學校制度及敎學方法，均生有很大的影響。宋元學案稱：「安定先生早歲敎授湖州，立經義治事二齋：經義則選擇其心性疏通有器局可任大事者，使之講明六經；治事則一人各治一事，又兼授一事。」（安定學案）其制後來廣爲天下所取效。至於敎學方法，胡氏喜以詩歌陶冶性情，並且重視身敎，據宋元學案載：「先生在學時，每公私試罷，掌儀率諸生會肯善堂，合雅樂歌詩，至夜乃散；諸齋亦自歌詩奏樂，琴瑟之聲徹於外。」（同上）而宋史則說：「瑗敎人有法，科條纖悉具備，以身先之。雖盛暑必公服坐堂上，嚴師弟子之禮；視諸生如其子弟，諸生亦信瑗如其父兄，從之遊者常數百人。」（本傳）

其後，理學興起，理學家莫不授徒講學；就其不在書院者而言，如周濂溪（敦頤）早年講學，學生中有二程兄弟（大程子明道，小程子伊川），據宋元學案：「先生官南安時，二程先生父珦，……視其氣貌非常，因與爲友；使二子受學焉。」（濂溪學案）及其晚年，仍講學不倦，「侯師聖學於程頤，未悟；訪敦頤，敦頤曰：『吾老矣，說不可不詳。』留對榻夜談。越三日乃還，頤驚異之曰：『非從周茂叔來耶！』」（同上附錄）其善開發人多類此。

然北宋私人講學，學生最多、影響最大的，莫過於二程。明道伊川兄弟當年講學，門下著籍甚衆，史傳稱：「熙豐五年，大中公告老而歸，先生明道求折資監當以便養：歸洛歲餘，得監西京洛河竹木務。家數清窶，僦居洛城殆十餘年，與弟從容親庭，日以讀書講學爲事，士大夫從遊者盈門。自是身益退，位益卑，而名益高于天下。」（同右明道學案附錄）「伊川平生誨人不倦，故學者出其門最多；淵源所漸，皆爲名士。」而二人之教學者，方法卻各有不同；如「朱光棪見明道於汝州；歸謂人曰：『某在春風中坐了一月。』」（二程遺書外書十二）「（伊川）其接學者以嚴毅，嘗瞑目靜坐，游定夫楊龜山立侍不敢去；既覺，顧謂曰：『賢輩尙在此乎？日既晚，且休矣。』二子者退，門外之雪深一尺。明道嘗謂曰：『異日能使人尊嚴師道者，吾弟也；若接引後學，隨人材而成就之，則予不得讓焉。』」（同上伊川年譜）明道死後，學生多歸伊川門下；就中謝上蔡（良佐）與楊龜山（時），尤爲伊洛淵源的兩大關鍵人物。因爲理學的兩大宗派——程朱與陸王，是由於這兩人的傳授而形成的。所謂程朱學派，是以伊川與朱熹爲代表，而陸王學派則以陸象山與王陽明爲首腦。朱熹集理學的大成，其學由李侗上溯羅從彥，而楊龜山，而程伊川，淵源傳授，一脈相承。至於陸象山，其學直接雖無所師承，然黃東發以爲遙出於謝上蔡；宋元學案更以「象山與林艾軒（光朝）方次雲（翥）爲講友，艾軒從陸子正（景瑞，尹和靖門人）得和靖之學，次雲受業王信伯（蘋、曾師事伊川，後從龜山遊），由龜山以窺二程」，溯象山之學的淵源於程門，唯立論較爲接近明道。不僅如此，「洛學之入秦也，以三呂；其入楚也，以上蔡司教荊門；其入蜀也，以謝湜、馬涓；其入浙也，以永嘉周、劉、許、鮑數君；其入吳也，則以王信伯」。（全祖望宋元學案序錄）在中國教育史上，孔子而後，私人講學影響之大與傳播之廣，恐怕難有出於洛學之右的。其餘尚有張載（橫渠），以「知禮成性」、「變化氣質之道」教學者，「所到搜訪人才，恐失其成就；故關中學者，得與洛學爭光」。（橫渠學案）邵雍（康節）亦在家設帳授徒，成就人材甚衆。限於篇幅，不詳引述。

南渡以後，龜山號爲東南洛學大宗，其學一傳至羅豫章（從彥）、再傳爲李延年（侗），三傳而有朱熹，建立了程朱學派。朱子一生，講學不輟，在家授徒與主講書院，殆各居一半。據年譜：「慶元二年（公元一一九六年），遂爲監察御史沈繼祖誣十罪，詔落職罷祠；……而先生日與諸生講學不休。或勸其謝遣生徒者，笑而不答。」又行狀載：「（先生）家故貧，……諸生自遠而來從學者，豆飯藜羹，率與之共。……從遊之士，迭誦所習，以質其疑；意有未喻，則委曲告之而不倦，問有未切，則反覆告之而不隱。務學篤則喜見於言，進道難則憂形於色。講論經典，商略古今，率至夜半。雖疾病支離，至諸生問辨，則脫然如沉痾之去體。一日不講學，則惕然以爲憂。摳衣而來，遠自川蜀，文詞之傳，流及海外；至於荒裔，亦知慕其道，竊問其起居；窮鄉晚出，家蓄其書，私淑諸人者，不可勝數。」閩學光芒，歷數百年而不衰。

與朱子同時，當日相與講論而爲相異之說的，爲陸王學派的創建人陸象山（九淵）。象山亦生平講學不倦，槐堂諸儒的成就，不在閩學之下，年譜載象山於「淳熙十三年（公元一一八六年）得旨，主管臺州崇道觀；遂奉祠歸，講學象山（本名應天山，以其山形如象，因改名爲象山），建精舍，四方學徒大集。五年閱其簿，來見者逾數千人」。心學門庭，幾可與理學爭輝；而傳至明代中葉，因得王陽明（守仁）的發揚光大，心學更如日麗中天，並且流傳海外。象山當年講學之效，可以概見。此外，張南軒（栻）、呂東萊（伯恭）與朱陸爲講友，平居講學，門徒並衆；餘則宋元學案所載尙多，不備舉。

(二) 元代

與宋相較，元代的大學教育設施，無論官學與私學（包括書院與私人講學），均難以相提並論。有關私人講學，前面已經提到，由於資料欠缺，從略不述。以下簡論元代的國子學與書院的教育設施；至於蒙古與回回國子學，亦略而不贅。

1. 國子學

元代國學的建立，始於太宗六年，以馮志常爲國子總監，選侍臣子弟十一人入學就讀；是爲國子學的前身。世祖登極之初，援引成例，亦選侍臣子弟十一人入學，由許衡與王恂分任教讀，許教年長者四人，王教年幼者七人，名爲國學，直與私塾無異。至元六年，正式設立國子學，隸於國子監。國子學額，初期甚少，後增爲二百名；另設陪堂生（伴讀與聽講）二十人。入學資格限隨朝百官子孫，宿衞大臣子孫，衞士及世家子弟，不限種族，蒙古、色目及漢人皆可入學。國子監的教育設施，至元二十四年（公元一二八七年），周砥爲國子祭酒，重訂國學規則，於國學的管理、課程、考試與教授，均有規定。（元史選擧志）在管理方面，係於祭酒之下，分設博士、助教、正錄、典給等員官。博士通掌學事，分教三齋（上、中、下）；助教同掌學事，分守一齋；正錄申明規矩，督導課業，並傳習所教；典給則學生員膳食。在課程方面，先修孝經、小學、論語、孟子、大學、中庸；次修書、詩、禮記、周禮、春秋、易；日常課業尚有屬對、詩章、經解、史評。在考課方面，出題由博士主之；閱稿由助教主之；評定由博士主之；錄課則係博士出題之後，學生具稿先呈助教，再轉送博士評定甲乙，然後由正錄登錄課簿，以憑考核。在教授方面，有傳習與復說。傳習是由正錄與伴讀，將博士及助教所課的音義，傳習全體學生；復說則是傳習次日，以抽籤方式，令抽中的學生復述所課音義。仁宗延祐二年（公元一三一五年），詔集賢殿學士趙孟頫、禮部尚書元明善等議改國子學制，於學校組織、齋舍等級、考試、評分與升降黜陟等，均有詳盡的規定。玆分述於左：

(1)學校組織：依據新訂學制，國子學的編制設有監官與學官。監官係祭酒一員，從三品，司業二員，正五品，監丞一員，正六品，其餘典簿、令史、譯史、知印、典史等，一或二員，無品級；學官則博士二員，正七品，助教二員，正八品，學正與學錄各二員，典給一員，亦無品級。

(2)齋舍等級：至元年間，國學原分三齋（級）；這次修改則分成六齋，仍爲三級，每級各有兩齋。六齋的名稱如下：下兩齋，左曰遊藝，右曰依仁，凡誦讀書，講說小學，屬對等學程，均屬此齋；中兩齋，左曰據德，右曰志道，凡講說四書，課肄詩律等學程，均屬此齋；上兩齋，左曰時習，右曰日新，凡講說易、詩、書、春秋、習明經義等學程，均屬此齋。有關考試與升齋，下面另行討論；這裏首先加以說明的是，元代國學自設立之初，其程度卽自小學至大學均有，其後分爲三齋（或六齋三級），更顯有程度高低之分。換句話說，國學之中，僅上齋爲大學性質，中齋與下齋，當屬中學與小學。證之至元年間世祖「令諸路學內設小學」，益爲可信。因爲路學是比照國學辦理的。

(3)考試與評分：國學的考試，分私試與升齋試兩種。私試係漢人上齋與蒙古及色目人中齋學生，坐齋二年以上而未犯過者，所參加的考試。漢人孟月試經疑一道，仲月試經義一道，季月試策問表章詔誥一道；蒙古及色目人孟仲兩月各試明經一道，季月試策問一道。其評分標準，是辭理俱優者爲上等，給一分，理優辭平者爲中等，給半分，餘則不給分。升齋試則係下齋生升中齋，中齋生升上齋的考試，考察學生所習課業與在齋品性，評定甲乙，依次遞升；但評分標準與坐齋年限不詳。

(4)獎懲與黜陟：右述考試與積分，爲國學的獎懲與黜陟的依據。在獎的方面，除升齋試爲決定升齋與否的考試外，私試積分年終滿八分以上者，升充高等員生，可按積分多寡選充學職，如正錄與典給等；如坐監滿三年以上，准應貢試，及格者可以爲官。在懲的方面，生員違規怠業者，初犯罰一分，再犯罰兩分，三犯除名；高等員生初犯停試一年，再犯除名；一年之中，坐齋不滿半年的，除名；漢人生員三年不通一經或不肯勤學的，勒令出學，但蒙古與色目生不在其限。

2. 書院

元代書院，本係承襲宋制，爲學者講學之地；唯後來官立者日多，其設施幾與官學無別。有關元代書院的設置，係始於太宗八年（公元一二三六年），中書楊惟中在南朝收集伊洛遺書送回燕京，重立太極書院，並延聘大儒趙復王粹講學其中。後至元二十八年，世祖下詔：「凡先儒過化之地，名賢經行之所，與好事之家出錢粟贍學者，並立爲書院。」（引見前）書院的設立遂盛。起初官私立均有，後來則官立者多。元代書院的主持人，私立者自教或聘人主持，官立者則命於禮部、行省及宣慰司；（元史選舉志）而官制中的山長，以下第舉人充任。其間或亦有宿學名儒，然素質顯較宋代爲低落。在經費方面，由於元代書院多係官立，故經費亦大都來自官產，且「凡路、州、府書院設直學，以掌錢穀」，（同上）故經費也不獨立。談到元代書院的課考與訓導，似較宋代爲詳備。至元年間，程端禮嘗創「程氏家塾讀書分年日程」，元史稱：「端禮所著有讀書工程，國子監以頒示郡邑校官，爲學生式。」元代書院既多爲官，列於郡邑學校，自亦採用。程氏讀書分年日程，爲八歲未入學前至二十歲以後仍在學的學生，訂定一個分年讀書計劃，並刊有日程空眼簿式，由不同年齡學生各按實際情形自行決定進程。依據此一日程，十五歲爲「志學之年」，卽當尙志爲學，其課程相當於大學程度；玆特錄出，以見元代書院教育內容的大略。至於十五歲以前的課程，以與大學教育無關，從略。

讀大學章句或問

次讀論語集註

次讀孟子集註

次讀中庸章句或問

次鈔讀論語或問之合於集註者

次鈔讀孟子或問之合於集註者

次讀本經（周易、尙書、詩、禮記、春秋）。

四書本經既明之後：

看通鑑

次讀韓文

次讀楚辭

至此「約纔二十歲或二十一二歲」；溫索以前所習外：

學作文

學文之法

作科學文字之法

讀看近經問文字九日作一日

讀看近經義文字九日作一日

讀看古賦九日作一日

讀看制誥表章九日作一日

讀看策一日作一日

以上課程，自非一成不變；其不應科學考試的，或與此有異，如「作科學文字之法」等，當不在其課程之內。

在訓導方面，程董學則可以爲此一時期書院訓育綱領的代表；其大要爲：「嚴朔望之儀。謹辰昏之令。居處必恭。步立必正。視聽必端。言語必謹。容貌必莊。衣冠必整。飮食必潔。出入必省。讀書必專一。寫字必楷敬。几案必整齊。堂室必潔淨。相呼必以齒。接見必有定。修業有餘功。遊藝以適性。使人莊以恕。而必耑所聽。」各條之下，均有說明，不贅。這些條文，雖皆爲原則性的，但涵蓋範圍之廣，與要求標準之高，在在可以顯示其爲一知行並重，表裏如一，旣富理想，更切實際的品德訓練實施方案。其餘教學方法，元代書院大致沿襲宋代，沒有資料足以顯示此時有特殊與系統的方法採用。

大較言之，元代書院由於政府的提倡，在數量上尚稱發達，其著錄於續文獻通考學校考的，爲數凡四十，此外另見於宋元學案的，尚有疊山、和靖書院等二十餘所。然在實質上，官立的書院經費雖不虞匱乏，但主持人的素質已漸難步武前修，書院遂日益齒於官學之列，而去當初自由講學的理想亦愈遠了。

(三) 明代

元代大學教育不發達，是因受異族統治的緣故。至於明代的大學教育，僅初期國學規制尚稱完備，書院亦未被摧殘，尚勉有可述；中葉以後，則科擧盛而學校衰，書院更橫遭打擊，便無足道。由此亦可見專制政體的本質，極不利於大學教育的發展。以下分述明代國子監與書院的教育設施：

1. 國子監

明國子監的創設，始於太祖初定金陵，將元集慶路儒學改爲國學，更名爲國子學。洪武十五年，重建國學，改學爲監；成祖永樂元年，又設北京國子監；至永樂十八年（公元一四二〇年），遷都北京，遂以北京國子監爲京師國子監，而以舊國子監爲南京國子監。國子監的教育設施，明初尚頗充實，有關學生入學、分級、課考、歷事、以及學官與學規等，均有詳明的規制。玆分述於左：

(1)入學：明國子監的學生，通稱監生；監生依入學資格的不同，又有各種不同的名稱：由擧人選送入監的名「擧監」；由地方學校生員選送入學的爲「貢監」；品官子弟稱「蔭監」；捐貲入學的曰「例監」；功勛子弟叫「幼勛生」，其他外國派遣的留學生及土司在監的，尚有「夷生」與「土官生」等稱呼。就中「貢監」又有「歲貢」、「選貢」、「恩貢」與「納貢」之分；而「蔭監」亦有「官生」、「恩生」及「功生」等名目。

(2)分級：明國子監採六堂制，❻按學生程度分爲三級：正義、崇志、廣業三齋爲第一（初）級，通四書未通五經的學生編入此級；誠心與修道兩齋爲第二（中）級，初級肄業一年半，如文理條暢者，可

---

❻ 明史選擧志。

升入此級；率性齋爲第三（高）級，中級肄業一年半以上，如經史兼通，文理俱優者，可升入此級。至國子監的學額，似無定數，而以永樂二十年（公元一四二二年）的九千九百餘人，（南雍志儲養考）爲極盛時期。

(3)課考：明國子監的課程，較前代爲擴充，除四書、五經以外，兼及說苑，律令、書、數、御製大誥等；另「洪武三年五月，詔國子生及郡縣學生皆習射」，（續文獻通考）又「洪武五年，命國子生於諸司習吏事」，（同上）是習射與歷事（實習）亦爲課程的一部分。考試分平時考試與積分考試兩種：平時考試每月試經書義各一道，詔誥表策論判內科二道；積分考試係高級生（率性齋）的考試，其法孟月試本經義一道，仲月試詔誥表內科二道，季月試經史策一道，判語二道，文理俱優予一分，理優文劣予半分，文理紕繆不予分。一年中積至八分爲及格，給予出身；不滿八分爲不及格，仍留監肄業。

(4)歷事：自洪武五年令國子生至諸司習吏事，嗣卽成爲定制。歷事或稱撥歷；其種類有：正歷：撥往吏、戶、禮三部、大理、通政等司及五軍都督府，都是正歷；雜歷：撥往諸司寫本的爲雜歷；長差：歷事三年而得上選的爲長差；短差：不及一年而仍回監的則是短差。建文時訂定考覈辦法，分歷事生爲三等：上等，卽時選用；中等，不拘品級，隨才任用；下等，回監讀書。後來由於開例監，許生員納粟入監，而「援例監生僅得選州縣佐貳及府首領首，其授京職者，乃光祿寺、上林苑之屬；其願就遠方者，則以雲、貴、廣西及各遠省軍衞有司首領及衞學五經教授之缺，而終身爲異途矣」。（明史選舉志）監生品流既濫，國學教育的性質也異於從前了。

(5)學官：國子監學官，分主職與屬職兩類；前者管行政，後者掌教學。主職置祭酒一員，從四品；司業一員，正六品。屬職有監丞、博士、助敎、學正、學錄、典簿、典籍、掌饌與齋長等職稱；其中除齋長係由監生選任外，餘均爲有品或無品職官，名額不等，多者（助教）十五員，少者（監丞）一員。

(6)學規：國子監學生在監，除享受廩餼的待遇及監內的罰則管理外，並有欽定的禁例必須遵守。此項禁例，極爲嚴格，犯者輕的笞責，重的處決；玆以洪武十五年臥碑所刻的禁例爲例：「一、府州縣生員，有大事干己者，許父母兄弟陳訴；非大事勿輕至公門。二、一切軍民利病，農工商賈皆可言之，惟生員不許建言。」❼不遵者以違制論。

除此而外，國子監學生坐監，明初規定須坐滿一定年月，始給出身；中葉以後，亦准歸家自修，稱爲「依親」，視同在監。國學至此，已形同虛設了。

明代國子監的教育設施，略如右述。其中超越前代，足資稱述的固多，如課程內容的擴充，考察辦法的嚴密，學生待遇的優厚，實際經驗的重視，管理禁例的嚴格等；然缺點亦不尠，如「例監」之浮濫，利祿的風盛，「依親」的惡例等，亦難以諱言。

2. 書　院

書院以兩宋爲最盛，至元代漸有官學的性質；明初雖欲網羅人材於國學，然書院仍可興辦。洪武元年（公元一三六八年），曾有洙泗、尼山兩書院的設立；其後憲宗成化十三年（公元一四七七年），重建象山書院；孝宗弘治元年（公元一四八八年），有司奏修學道書院；武宗正德元年（公元一五〇六年），有司又奏修濂溪書院。足證中葉以前，朝廷對於書院尚不禁止。尤以正統、景泰以後，監生或由納粟，或由京官乞恩送其子弟，國學漸不爲世所重，而書院因以興盛。當時提倡書院最力的，有名儒王守仁、湛若水等。王氏嘗建龍岡書院，主貴陽書院，修濂溪書院，闢稽山書院，與南寧學校，立敷文書

❼ 洪武十五年臥碑禁例，本有八條，此處僅錄其二，以見一斑。

院；而湛氏亦所至均建書院，以祀陳白沙（獻章）。陽明死後，其門弟子更大建書院，以資紀念；據年譜所載，前後建立的計有：越城的陽明書院、安福的復古書院、青田的混元書院、辰州的虎溪書院、萬安的雲興書院、韶州的明經書院、溧陽的嘉義書院、宣城的志學書院、尙有水西書院、復初書院、崇正書院、以及玉眞山、文湖、壽岩等處的書院。一時書院林立，大有上追宋元之勢。惜好景不常，世宗嘉靖十七年（公元一五三八年），以吏部尙書許瓚奏言書院「倡論邪學，廣收無賴」，一度詔毀書院；然未徹底執行，新建書院仍有設立的，如前述的混元、雲興等書院，均建於十七年以後。及至神宗即位，張居正爲相，痛恨講學，其「請申舊章飭學以振興人材疏」有謂：「聖賢以經術垂訓，國家以經術作人，若能體認經書，便是講明學問，何必又別標門戶，聚黨空談？今後……不許別剏書院，羣聚黨徒，及號召地方遊食無行之徒，空談廢業。」❽書院再度遭到撤禁的命運。末年，宦官專政，國事日壞，書院講學，兼議朝政，如顧憲成在無錫的東林書院，鄒元標在北京的首善書院，終於構成黨禍，閹璫魏忠賢乃矯旨盡毀全國的書院，而明朝的國運亦隨之以俱謝了。

綜右所述，明代書院初期尙未衰落，中葉因國學不振，兼有名儒的倡導，一時曾大見興盛，頗有宋儒自由講學之風，惟其後則橫遭權臣與閹宦的摧殘與打擊，終至一蹶不振。此不僅爲明代大學教育的重大挫折，也是我國敎育史上嚴重的損失。如果我國的書院傳統能夠維持不墜，中間未曾中斷或變質，則今天在世界的大學中，巴黎大學或牛津與劍橋，豈能號稱歷史上最古老的大學？不過，書院到明代，其訓規、課程與敎法等，亦有超越前代的地方。玆略擧數者，以見其要。

首就訓規而言。所謂訓視，乃書院所訂的各種學規與堂訓之類，與今日學校的訓導章則近似。明代

❽ 見張文忠公集奏疏四。

書院的訓規，較元代更爲詳盡；玆以劉伯驥「廣東書院制度沿革」所錄湛若水「西樵大科書院訓規」爲例，俾略窺一斑。「西樵大科書院訓規」含兩部分：⑴訓規圖（另有敍規不錄）：分正反兩面，計列「敬義志道」（正）與「肆利不志道」（反），及「君子」（正）與「小人」（反）等有關學、行、德、業各方面的修養條目共二十四項，文繁不具引；⑵堂訓：則所定計有「爲學立志」，以至「接見規則」等凡六十一條，（不詳錄）詳盡明確，巨細無遺，不遜於當前各級學校所訂的各種訓導章則。

其次談到課程。明代書院的課程，亦較元代爲繁富；除四書五經外，兼及通鑑、語錄、與濂洛諸儒遺書。明史稱：「段堅講說五經要義及濂洛諸儒遺書。」（本傳）先正事略載：「（梨洲）先生云：『明人講學，襲語錄之糟粕。』」（黃梨洲先生事略）而張居正更規定國學及書院「今後務將頒降四書五經、性理大全、資治通鑑綱目、大學衍義、歷代名臣奏議、文章正義及當代法律典制等書，課令生員，誦習講解，俾其通曉古今，適於世用」。⑨其餘有關資料尚多，不一一引述。

最後，談到教學方法。明代書院除沿用宋元兩代習用的教法外，更有會講之風。明代書院會講，盛於中葉以後；如前引王陽明年譜所載，陽明歿後，弟子患同門聚散無期，而設爲講會者甚衆：門人薛侃築祠天眞小麓，與同門講會；鄒守益與劉邦采等建書院於壽岩，定期講會；史際建嘉義書院於溧陽，延四方同志講會；呂懷建大同樓於新泉精舍，設師像合講會；緒山、龍溪所在講學，有水西會、同善會、君山會、光岳會、九龍會、復初會等。其餘載在史乘的，難以備舉。至於講會的儀式，到明末已頗爲複雜，據東林會約儀式（凡十一條）：大會每年推一人爲主，小會每月推一人爲主；每會推一人說四書一章；此外有問則問，有商量則商量；……與近代西方大學之有硏討（Seminar），幾無二致。惜乎這種

⑨ 同⑧。

優良的自由講學風氣，當時已備受壓抑，進入清代更被全面禁止了。

此外，明代講學雖多在書院，如王陽明及其弟子，但不在書院者亦非絕無僅有；玆略舉數人，以概其餘。吳康齋（與弼）弱冠讀書，慨然有志於聖賢之道；嗣居鄉躬耕食力，設帳授徒，弟子從之遊者甚衆。如陳白沙自粵來學，纔天明，康齋手自簸谷，白沙未起，康齋大呼：「秀才這樣懶惰，他日何從到伊川門下？又何從到孟子門下？」（明儒學案康齋學業）又「白沙來受學，公絕無講述，使白沙劚地，植蔬、編蘺，公作字使白沙研墨，或客至則令接茶，如是者數月而歸」。（理學宗傳）而婁一齋（諒）「聞康齋在臨川，乃往從之；康齋一見喜之。……一日康齋治地，召先生往視，云：『學者須親細務。』先生素豪邁，由此折節，雖掃除之事，必躬自爲，不責僮僕；遂爲康齋入室。」（一齋學案）其教育重視生活與勞動，在中國教育史上極爲少見。其餘尚有薛敬軒（瑄）早歲讀濂洛之書，卽厭科舉之業；嘗爲山東提學，諸生呼爲「薛夫子」，後致仕家居，從學者甚衆；陳白沙（獻章）自受學康齋歸來，便絕意科學；讀書日夜不輟，築陽臺，靜坐其中，數年不外出。成化二年（公元一四六六年），復遊太學，祭酒邢讓見其詩，驚爲「眞儒復出」，由是名震京師；歸而門人益衆。（明史列傳第一百七十一）其弟子湛若水（甘泉）「弘治十八年（公元一五〇五年）會試，學士張元楨楊廷和爲考官，撫其卷曰：『非白沙之徒，不能爲此。』」（同上本傳）足徵其講學的成就。

捌、清代變革時期

清代在我國教育史上的地位，極爲特殊而重要；這是因爲有清一代，適當我國教育史上新舊交替，而在教育方面又曾大事變革的時期。緣清代以異族入主中國，其文化水準本甚低落，故入關之後，一切典章制度與文教設施，多沿前代之舊，僅教育政策方面帶有歧視的色彩；其餘如學校制度與科學考試等，均少變動。但中葉以後，由於與西方文化接觸的結果，受外來的衝激極大，一時變法維新、救亡圖存之聲，甚囂塵上。於是晚清末造（同、光年間），乃有廢科舉、與學校的舉措，而舉凡一切改革，自教育行政、學校制度、以至課程教材與教學方法等，莫不以西方的模式爲藍本，造成中國前所未有的教育大變革。以此，關於清代教育設施的論述，自不能不劃分爲前後兩個階段：前一階段爲傳統教育時期，後一階段爲西化教育時期；至此兩個階段的劃分，則以同治元年（公元一八六二年）爲其劃分點。

一、社會文化背景

清代的教育設施，雖然由於末葉的變革，須劃分爲兩個階段加以論述，但有關教育的各種背景，爲期行文便捷並能有完整的概念，則仍前後兩期合併敍述。談到此一時期教育的各種背景，極爲複雜，頗難掌握。首先，在政治方面，清的祖先爲東胡女眞，北宋末年，建國曰金，曾滅遼侵宋，一度強盛；後爲蒙古所滅，其族人散居松花江一帶；至明末復盛，其酋長努爾哈赤（清室入關後尊爲太祖）先後降服其族各部，於明萬曆四十四年（公元一六一六年）即汗位於興京，建元天命，國號後金。此時適值明末政壞民亂，努爾哈赤乃數興兵入寇，雖未得逞，但已席捲關外之地。不久，努爾哈赤死，其姪皇太極嗣位，是爲太宗；並於十年後（明崇禎九年、後金天聰十年、公元一六三六年）改國號爲「清」。太宗在位期間，攻明益急，曾前後四次入塞，但因明兵固守山海關，均無功而退。旋太宗死，子福臨立，是爲世祖，由叔多爾袞攝政；時李自成陷北京，思宗殉國，山海關守將吳三桂引清兵入關，滿清遂逐步入主中國。世祖在位十八年卒，子玄燁繼位，是爲聖祖；聖祖即位後，康熙元年（公元一六六二年）南明亡，二十年（公元一六八一年）三藩之亂平，二十二年（公元一六八三年）臺灣滅，清代至此乃完全統一中國。世祖在位六十一年，勤政愛民，傳位世宗（雍正，凡十三年），世宗傳高宗（乾隆，計六十年），三朝爲清代極盛時期。然而，高宗好大喜功，十次用兵，經常巡遊，國力大爲消耗，而人口增多，貪墨風盛，清政遂漸衰敗。自嘉靖、道光、以迄咸豐，內亂迭起，外患益急，國勢已岌岌可危；至同治與光緒兩朝，政治腐敗，女主專制，國事更無可爲。綜括這一段期間內所發生的禍亂，計有：道光二十年（公元一八四〇年）的中英鴉片戰爭；道光三十年（公元一八五〇年）至同治三年（公元一八六四年）的太平天國之亂；咸豐七年（公元一八五七年）的英法聯軍之役；光緒十年（公元一八八四年）的中法安南之戰；光緒二十年（公元一八九四年）的中日甲午之戰；光緒二十四年（公元一八九八年）的「戊戌政變」；以及光緒二十六年（公元一九〇〇年）的庚子八國聯軍之役。每次對外戰爭的結果，均是割地賠款，喪權辱國；而對內則厲行專制，敗壞日甚。最後，終於爆發「辛亥革命」（公元一九一一年）、中華民國建立（公元一九一二年），滿清於統治中國二百六十八年後，乃告覆亡。

在經濟方面，清初入關，旗兵所經之地，曾肆意圈佔漢人田廬以爲己業，並藉口清釐無主荒田，將近州縣田地分給滿族諸王勳臣與兵丁等；使滿人在經濟上居於特權的地位。天下既定之後，鑒於明之亡國，由於稅斂太重，故立將遼、練、勦三餉免除，以舒民困。康、雍、乾三朝，亦迭次減免天下錢糧，以收買人心，如康熙五十一年（公元一七一二年），令以康熙五十年丁册爲準，新添人口，永不加賦，爲其一例。但乾隆年間，以屢次用兵及巡幸，財用不足，遂多所苛征於民，加以貪污風盛，民困益甚。道光以後，內亂外患頻仍，軍費、賠款、以及不平等條約侵略下貿易的入超，已使中國的經濟陷入民窮財盡的絕境。清廷對此可說是束手無策，因此革命遂應時而興。

在社會方面，滿清以少數邊疆文化低落的部落民族，統治中國，自始卽多方壓制漢人而保障滿人，如前述的圈佔漢人田園等，並採取各種殘暴的措施，以鞏固其統治權。在清代所採取的各種殘暴措施中，最著名的爲濫行屠殺，卽凡有抗拒其統治的，便大肆屠殺，如揚州十日、嘉定三屠等，俾造成恐怖，而利於其統治。其次爲厲行薙髮令，有所謂「留頭不留髮，留髮不留頭」的詔令，可見其嚴酷的一斑。再就是大興文字獄，不僅任何反清復明的思想不容許其存在，甚至無中生有，亦藉機株連，以資鎮攝。其他如「滿不點元，漢不選妃」，俾維護滿人尚武的傳統並防止血統的混雜，以及籠絡蒙藏民族等，均係其壓抑漢人的一貫政策。但事與願違，保障的結果，是滿人日益腐化；而歧視的結果，卻是滿人被漢人同化。及至中葉以後，內亂外患交侵，民怨沸騰，而末年女主亂政，更是自取滅亡，故而革命號角一響，清廷的統治便土崩瓦解了。

至於文化方面，滿清係採取兩面的政策，一方面懷柔士人，一方面則摧殘民氣。前者的作用在於滅少抗力，後者的目的則是鞏固政權。有關懷柔士人方面的措施，如清初重用降臣降將，以取得天下；入關之後，開科取士，使士人有進身之堦，不致再存故國之思；康熙乾隆年間，編纂圖書，完成巨著「古今圖書集成」與「四庫全書」等，藉以消沉士人志氣，並肅清反動思想；表彰理學，強調君臣上下之分，使無反抗的意念。在摧殘民氣方面，除前面提到的諸多高壓政策，特別是文字獄外，清廷對於所有民間的各種結社、集會、講學、請願等，一概懸爲禁令，偶有觸犯者，均嚴加誅戮，絕不寬貸。在此兩面政策的煎迫下，中國人的民氣低落，士風敗壞，苟且偸生，自私自利。但此種風氣有影響於教育的，則是清代中葉興起的徵實之學，亦稱樸學。徵實之學重視考證，學問的功夫，必須做到「言必有據，無信不徵」，本是當時一般學者在專制淫威高壓之下，不得已而走的一條「苟全性命」的偏僻小徑，埋首故紙堆中，絕不涉及實際世務。但中葉以後，西方的文明以排山倒海之勢而來，旣然抗拒無力，便唯有加以接受，而此種徵實的精神，頗有利於西方科學與技術的引進，進而爲近代東西文化的交流，導其先路。此所以中國近代教育的改革，不僅波瀾壯濶，並且影響深遠，於中國的走向現代化，關係至巨；研究近代中國教育史的人，宜特別加以注意。

二、一般教育概況

如前所述，清代是我國教育史上新舊交替與大事變革的時期；前後兩個階段的教育事業，成爲兩種截然不同的型態。概略而言，前期自入關以至咸豐年間，一切教育設施，自學校教育以至科學，均係因襲固有的舊制，可目之爲傳統教育時期；後期則自同治初年開始辦理西式的學校，到後來光緒二十八年（公元一九〇二年）與二十九年（公元一九〇三年）先後頒布「欽定學堂章程」及「奏定學堂章程」，正式建立系統的教育制度，則稱之爲新式教育時期。以下分述清代傳統與新式兩個時期的教育概況。

（一）前期

清代前期的各種教育設施，略如元明。在學校教育方面，清代的學校亦大致分爲三類：1.爲中央學校；2.爲地方學校；3.爲特殊學校。茲分述於次：

1.中央學校：清代中央的學校，有太學（國子監）、旗學及宗學。太學係普通性質的大學，爲本書探究的對象，留待下文（三、大學教育設施）討論；這裏先介紹屬於滿族學校的旗學與貴族學校的宗學。旗學亦名八旗官學，係於順治元年（公元一六四四年）初設；其制分八旗爲四處，各立官學一所，設滿漢教習及伴讀若干人，教授八旗子弟。學生名額百名，其中滿軍子弟六十名，蒙古及漢軍各二十名。課程除滿語滿書及蒙語蒙書外，亦授經書文藝，考試是每十日赴國子監考課一次；春秋習射，每五日一次。其後康熙三十年（公元一六九一年），又設立盛京八旗官學左右兩翼各二所，性質與課程大致相同；雍正元年（公元一七二三年）及七年（公元一七二九年）、更設「八旗教場官學」、「八旗蒙古官學」、「八旗學堂」與「滿洲蒙古清文義學」，均是爲八旗子弟而設立的學校。此外，尚有「景山官學」，設立於康熙二十五年（公元一六八六年）；「咸安宮官學」，設立於雍正七年，性質亦大致類似。

宗學係爲宗室的子弟而設，隸於宗人府。京師（北京）宗學設於順治九年（公元一六五二年），盛京（奉天）宗學設於乾隆二年（公元一七三七年）；其制（京師）左右兩翼官房，各設一滿學一漢學，選王、貝勒、貝子、公、將軍及閑散宗室之子弟年十八歲以下者入學，其年十九以上曾讀書者，亦准入學。宗學每學以王公一人總其事，滿漢翰林官各一人任教習，另有教長及語達等。課程有滿書及漢書，而特重騎射。考試分月考及季考，試經義、繙譯、騎射及時務策等。修業期限三年，期滿及格，卽引見錄用。雍正七年，以宗學尙未及於覺羅（非直系宗室），因又設立覺羅學，每旗分設滿漢學各一所，以期普及，覺羅學除學生入學資格外，一切皆與宗學同；其目的在於保存滿洲舊俗，免爲漢族同化。

2. 地方學校：清代的地方學校，係直省、府、州、縣、衞、各於所治立學，稱爲儒學或府、州、縣學；另各州、縣的鄉鎭，並設有社學。表面上看起來，制度尙稱完備，各學並設有敎授、學正、敎諭、訓導等，但實際上清代的地方學校，不過是科擧的埘庸；學生入學固視之爲利祿之堦，而學官亦不事敎授，故雖有學校之名而無學校之實。清代地方學校的學生，稱爲生員（未入學稱爲童生），依其入學及在學課考成績，又有廩膳生員、增廣生員與坿學生員之分。依據規定，凡生員入學，須經三次考試：首由州、縣考錄，册送府或直隸州；次由府或直隸州考錄，册送本省學政；再由學政以歲科考試，擇優錄取入學。凡經三次考試（又名小考）錄取的學生，稱爲坿學生員（俗稱「秀才」，亦名「入學」）。生員在學，各治一經，有學官的月課與學政的歲考，依其成績等第，坿學生員補增廣生員，增廣生員補廩膳生員，廩膳生員則准應鄉試或升入太學；如成績列入劣等，則依次遞降，以至除名。生員每次考試錄取名額，均有限定，各地多少不一。生員入學之後，享受各種優待，如免徭役，領膏火，地方官不得逕行責罰等。因之，生員入學的資格，頗受限制，凡倡、優、皂、隸及其子弟，均不准應考；其餘廣東的蛋戶，浙江的丐戶，九姓漁戶，及山陝兩省的樂戶等，也不准入學。另生員的職業，也受限制，不可充當里正、役吏及卒伍等。於此尚宜加以說明的是，清代的地方學校教育，與選拔人才的科舉考試完全配合；地方學校的入學考試，即是科舉的「小考」，「入學」的「生員」，便是「秀才」；「秀才」在學的目的，不過是準備「鄉試」（亦稱「大考」），鄉試及格，稱爲「舉人」；「舉人」（又名「公車」）具備參加「會試」的資格。「會試」是全國性的考試，三年一次（俗稱「大比」），在京師禮部舉行，通過後再參加殿試；及格者分三甲放榜：一甲三名，俗稱狀元、榜眼、探花，賜進士及第；二甲若干名，賜進士出身；三甲亦若干名，賜同進士出身。一般士人受教育的目的，即在於此。

以上爲府、州、縣學的概略情形。至於社學，乃是地方政府以公費在鄉鎮設立的一種民衆學校；其設置始於順治九年（公元一六五二年）令各直省置社學社師，「凡府、州、縣每鄉置社學一，選擇文藝通曉，行誼謹厚者充社師，免其徭役，給餼廩優膳，學政按臨日造姓名册，申報考察」。（清文獻通考學校考）雍正六年（公元一七二三年），又定各州縣設立社學義學之例，「舊例各州於大鄉鉅鎮各置社學，凡近鄉子弟，年十二以上，二十以下有志學文者，令入學肄業；……如有能文入學者，社師優償，若怠於教習，鑽營補充省，褫革」。（同上）視其規定，清代的社學似有普及教育的意味，唯以非強迫入學，故效果不彰。

此外，尚有一種與社學性質類似的義學，亦由政府設立。據清文獻通考：「康熙四十一年（公元一七〇二年）、定義學小學之制」；是年並於「京師崇文門外設立義學」。（學校考）而康熙五十二年（公元一七一三年）、更「令各省府、州、縣多立義塾，聚集孤寒，延師教讀」。（同上）其後，義學設立日多，乾隆元年（公元一七三六年）並詔：「……不論鄉城老幼，願就學者，皆聽肄業，其中有貧乏無力者，酌給薪水。」（同上）似亦爲非強迫性的普及教育，但設立不普遍，故收效不宏。另民間爲使子弟亦有接受粗淺教育的機會，各種義塾、家塾、族塾、村塾等的設立，甚爲普遍；可補官學的不足，也可納入地方學校的範圍。

3. 特殊學校：清代的特殊學校，有書院、算學館、鄂羅斯學館、陰陽學、醫學與武學等；其中算學與鄂羅斯學兩館均隸於國子監，陰陽學隸於欽天監，醫學隸於大醫院，武學因裁汰甚早，不知所屬；皆係培養各項專門人才的學校。至於書院，以其爲普通教育性質，而程度亦部分屬於大學階段，併後論述。

此外，又有商學、衞學與土苗學。商學始於順治十一年（公元一六五四年），凡長蘆、兩淮、山東、陝西鹽運使所屬，就附近設學；而山西、河東，則於省城另設運司學。衞學始於順治十六年（公元一六五九年），准直隸、山海、宣府各衞學照舊辦理。土苗學始於順治十五年（公元一六五八年），凡土司子弟，有向化願學的，令立學一所，由地方官選取一人爲教讀，訓督猺童。

最後，談到教育行政方面。清代自入關初期以至中葉，其中央教育行政均由禮部掌理。據大清會典，禮部「掌吉凶嘉軍賓之秩序，學校貢擧之法，以贊邦禮」；內分四司：儀制、祠祭、主客、精膳，學校貢擧之事，係歸儀制司掌管。至於省區及地方教育行政事務，清初於各省均設提學道，辦理全省科擧事宜；雍正時改稱提督學政；末葉再改設提學使司。省區以下，府、州、縣均設學；府學有教授，州學爲學正，縣學設教諭。但由於科擧盛行，各學官僅負責考校生員，故實無任何教育行政的事務可言。

(二) 後　期

清代中葉以後，內憂外患紛至沓來；國勢衰頽，民不聊生。因之，同光年間乃激起了一陣變法維新、救亡圖存的浪潮。此種潮流反映在教育上的，便是興辦學校，停廢科學，構成當時變法維新運動中重要的一環，並也奠立了中國現代教育的基礎。然而，在此變革的過程中，由於太過於切功近利，且又缺乏整體規劃，故而維新初期所從事的教育改革，僅着眼於西方富強的器物層面——堅甲利兵，凡所設的學校，諸如同治元年（公元一八六二年）的京師同文館，同治二年（公元一八六三年）的上海廣方言館，同治三年（公元一八六四年）的廣州同文館，以及光緒十九年（公元一八九三年）的湖北自強學堂（亦稱方言學堂）等，均屬於外國語文的學校；同治五年（公元一八六六年）的福州船政學堂，同治六年（公元一八六七年）的上海機械學堂，光緒五年（公元一八七九年）的天津電報學堂，光緒八年（公元一八八二年）的上海電報學堂，光緒十三年（公元一八八七年）的北洋大學，以及光緒十八年（公元一八九二年）的湖北礦業學堂等，均屬於實業性質的學校；光緒六年（公元一八八〇年）的天津水師學堂，光緒十三年的廣東水師學堂，光緒十一年（公元一八八五年）的天津武備學堂，光緒二十一年（公元一八九五年）的湖北武備學堂，則係軍事性質的學校，莫不以「師夷之長技以制夷」爲標的。但是，這種零星設立，雜亂無章的學校，不僅不能達成變法維新的目的，甚至彼此互不相關，各自爲政，連最起碼的學制系統都沒有，又怎麼能經得起考驗與衝激，發揮預期的效果與功能呢？以此，較此類學校稍後設立的學校，便略爲注意到制度的層面，逐步由個別學校的設置進步到整體學校制度與行政體制的建立。在此一階段的重要進展，首有光緒二十一年設立於天津的中西學堂，分頭等二等兩級，各爲四年；頭等學堂相當於今天的專科學校，二等學堂類似現在的高級中學，且二等學堂的學生，畢業後可以升入頭等學堂，已不再是前此的一級制。其次爲光緒二十三年(公元一八九七年)在上海設立的南洋公學，分上、中、外與師範四院；其上、中、外三院，頗有高等、中等與初等教育三級學制的意味，然僅限於一校的範圍，仍不足謂已建立了完整的學制。至其制度較爲完備，並且範圍及於全國的，則是光緒二十四年(公元一八九八年)設立的京師大學堂。（詳後）京師大學堂之所以在中國教育史上具有重要的地位，乃是由於因設立京師大學堂而訂頒的「京師大學堂章程」，不僅是我國現代第一所官立大學的章程，並且也是中國最早的現代學制綱要；其中有關全國各級學校的設立與行政的管理，均有詳明的規定。故此一新訂的學堂章程一經頒佈，全國各地的大、中、小各級學校，均紛紛設立（多由原設的書院改設），一時如雨後春筍，頗有一日千里之勢。惜乎好景不常，不數月「戊戌政變」（公元一八九九年）發生，除京師大學堂外，所有新設學校（新政）一律撤消。及至次年、庚子拳匪之亂（公元一九〇〇年）起，碩果僅存的京師大學堂，便也無形停辦。曇花一現的教育維新，轉眼都成京華煙雲。不過，在此期間，除上述的各級各類的官立學校外，外國的教會在我國卻也設立了不少的新式的學校；這些學校，大、中、小三級都有，有的並且設立的時間遠早於京師同文館，如上海的約翰書院(聖約翰大學前身)，係由美國聖公會於道光二十五年（公元一八四五年）創設，對於我國現代教育的發展，有其不可磨滅的貢獻與不可忽視的影響。唯以爲數甚多，不詳列擧。又留學教育此一時期亦已萌芽，而以曾國藩援受容閎的建議，與李鴻章會奏選派幼童赴美肄業爲其濫觴。自同治十一年（公元一八七二年）至光緒六年（公元一八七五年），前後共派學生四批計一百二十名赴美留學。此後卽蔚成風氣，赴歐美及日本留學的人數年有增加，而成爲我國現代教育中重要的一環。

也許此一時期爲辦理新式教育而從事的各種努力，其中最爲重要的一項措施，乃是光緒二十八年（公元一九〇二年）的頒布欽定學堂章程與二十九年（公元一九〇三年）的頒布奏定學堂章程。由於這兩個學堂章程的訂頒，終使早期興辦的各級各類學校，建立了一個較爲完整與合理的制度，並且對於其後數年教育的發展亦有略勝於前的影響。但若稍爲深入加以探究，便不難發現，這兩個學堂章程所建立的教育制度（主要爲學制），可說完全是將歐美與日本的制度，未經斟酌選，便盲目抄襲、全盤移植過來。以下分述欽定與奏定學堂章程訂頒的經過及其所建立的學制系統。

首就欽定學堂章程而言。這個章程本名「欽定京師大學堂章程」，係原設京師大學堂因八國聯軍之役停辦，辛丑和約（公元一九〇一年）簽訂之後，德宗因於光緒二十七年十二月初一日（公元一九〇二年一月十日）下詔，將從前所建的大學堂，切實擧辦，並派張百熙爲管學大臣，「將學堂一切事宜，責成經理，務期端正趨向，造就通才，明體達用，庶收得人之效。應如何覈定章程，並著悉心妥議，隨時具奏。」（大清德宗景皇帝實錄，卷四九一）次年七月十二日，張百熙奏呈大學堂章程，即所謂的「欽定京師大學堂章程」。故這個新訂的章程，實爲前次頒佈的「京師大學堂章程」的修訂與延續。至後來習稱其爲「欽定學堂章程」，乃是因爲當年京師大學堂一方面是學校，同時又是行政機關，主管全國的學務（教育行政事務），其前後兩次新訂章程，不僅規定大學堂本身的教育設施，並且也是一個全國性的學務綱要，故一般遂通稱其爲「欽定學堂章程」。依據此一章程所訂定的學制，即後來通稱的「壬寅學制」，爲中國現代正式確立新式學制系統之始；其制係將所有學校劃分爲三段七級：第一段爲初等教育，又分三級，蒙學堂修業年限三年，小學堂三年，高等小學堂三年，共計十年；第二段中等教育，中學堂年限四年，高等學堂或大學預科三年，合計七年；第三段高等教育，大學堂年限三至四年，大學院不定年限。除此而外，尚設有仕學館（三年），與高等學堂平行，師範學堂（四年）與師範館（三年）；以及簡易實業學堂（三年）、中等實業學堂（四年）與高等實業學堂（四年）。光緒二十八年所訂頒的「壬寅學制」系統，有如下圖所示：

壬寅學校系統圖

壬寅學制（光緒二十八年）

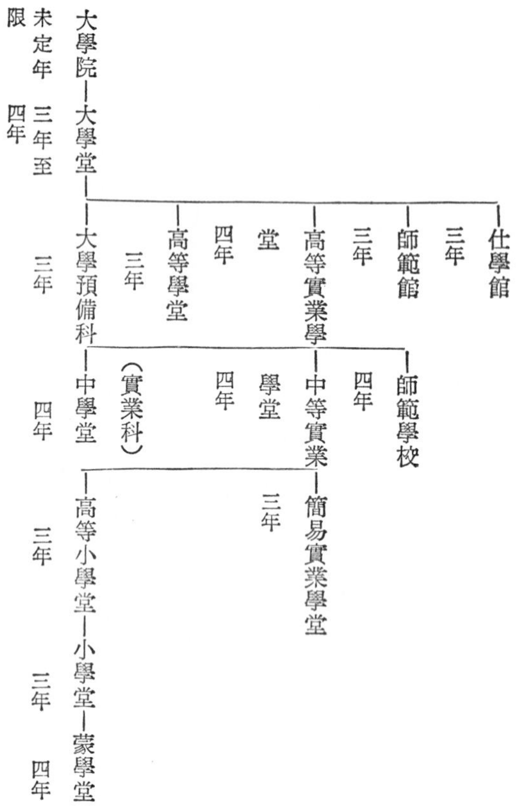

其次談到奏定學堂章程。欽定學堂章程頒布不到一年，且未完全施行，便遭修正；其原因是滿漢不睦，相互猜忌，故光緒二十九年（公元一九〇三年）先有增派榮慶會同張百熙共同管大學堂事宜，後又有派張之洞會同張百熙、榮慶釐定大學堂之事發生。張之洞在清末號稱究心學務，故受命之後，即博參各國制度，斟酌損益，半年之後，遂奏進新擬的章程，即所謂的「奏定大學堂章程」；其情況及經過與

癸卯學校系統圖

癸卯學制（光緒二十九年）

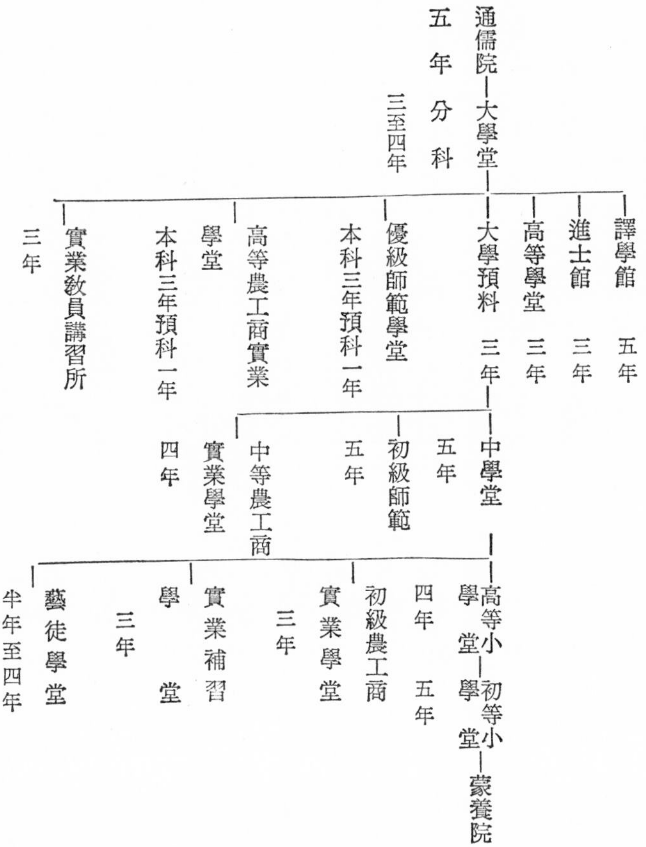

欽定學堂章程如出一轍，故後來亦通稱爲「奏定學堂章程」。新訂奏定學堂章程所規定的學制，即「癸卯學制」，係將壬寅學制略加修改而成；其制亦分全部學校爲三段六級：第一段係初等教育，改分爲兩

級，初等小學堂年限五年，高等小學堂四年，共計九年，原蒙學堂改爲蒙養院，屬學前教育性質，不定年限；第二段中等教育，中學堂年限五年，高等學堂或大學預科三年，合共八年；第三段高等教育，大學堂（分科）年限三至四年，通儒院（原大學院）五年。正系而外，尙設有譯學館（五年）、進士館（三年）、師範學堂（初級五年，優級四年），實業學堂（初等三年、中等四年、高等四年）；另更有實業教員講習所（三年），與高等學校平行；實業補習學堂（三年）及藝徒學堂（年限不定），與初等實業學堂平行。

自欽定與奏定兩學堂章程公布之後，中國現代教育的規模，大致已奠立其發展的基礎；從此以至辛亥革命（公元一九一一年），其間有關各項教育設施，重要的計有：廢科舉，設學部，與公布教育宗旨。關於廢除科舉，在新式學校興辦之初，便有廢科舉之議，但以科舉行之已千有餘年，其毒深入人心，如一旦廢除，恐引起爭議；然不廢除，學校又無由發展，故奏定學堂章程公布時，已有逐年分期停辦的計畫，至光緒三十一年（公元一九〇五年），終於決定不再採取此種逐年漸停的辦法，而予以全面廢止。在設立學部方面，奏定學堂章程公布之時，已有總理學務大臣的設置，統轄全國的學務；至京師大學堂則另設總監督，專管大學堂事務，受學務大臣的監督。光緒三十一年，學部正式設立，並將國子監的事務併歸；連帶的、行省與地方的教育行政體制亦隨之而變革。原設各省學政裁撤，改設提學使司，學部未成立前所設的學務處，亦改爲學務公所；各州縣則成立勸學所，設總董及勸學員，分任州縣及區的教育行政事務。至於公布教育宗旨，清末變法維新，本非出於自願，而是迫於西方的堅甲利兵，不得不興辦新式學校，企圖「師夷長技以制夷」。然而甲午戰爭以後，一般知識分子已經憬悟徒襲西方技藝的皮毛，實不足以救亡圖存；同時又深慨於中國的聖賢義理之學，實爲立國的根本，不可盡棄，中西學術必須兼容並包，不可偏廢。故而「中體西用」的思潮遂一時甚爲瀰漫，無論「京師大學堂章程」、德宗「定國是詔」，以及朝臣奏章與學者議論，均莫不視「中體西用」爲教育設施的圭臬。至光緒三十二年（公元一九〇六年）三月，學部遂奏請以「忠君、尊孔、尙公、尙武、尙實」五項爲教育宗旨；以爲前兩項係「中國政敎之所固有，而亟宜發明以拒異說者」，後三項乃「中國民質之所最缺，而亟宜箴砭以圖拔取者」。同年十二月上諭：「學術人心，關係至大；叠經降旨宣示，學堂以中學爲主，西學爲輔，首重德育。並以忠君、尊孔、尙公、尙武、尙實諸端，定其趨向。」（德宗景皇帝實錄，卷四九二）這是中國第一次明令公布的教育宗旨，施行至民國成立，始被廢止。

除此而外，清末其他教育設施尙有：光緒三十三年（公元一九〇七年）頒布女子學堂章程，重視女子教育的興辦；宣統元年（公元一九〇九年）訂定庚款派遣遊美學生辦法，三年（公元一九一一年）設立清華（留美預備）學校；光緒三十一年外務部與學部奏定西洋遊學簡明章程及學部奏定管理留日學生章程，暨三十四年（公元一九〇八年）頒布限制留學辦法，以發展留學教育等。餘以篇幅所限，不贅述。

三、大學教育設施

清代的大學教育設施，亦如其一般教育，宜分前後兩期加以敍述。前期自入關以迄咸豐末年，其大學教育設施以國子監（太學）與書院爲代表；後期自同治初年至辛亥革命，其大學教育設施以京師大學堂的創辦爲重心，而間及於地方與敎會辦理的大學。

（一）前　期

清代前期的大學教育設施，始於世祖初入中原，修葺明國子監爲太學，撥號房五百二十一間，專供諸生肄業之用；詳定規章，設立學官，頗見興盛。世宗雍正八年（公元一七三〇年），又在附近官房，增闢號房一百四十二間，規模益大。依據順治元年（公元一六六四年）的規制，國子監置祭酒、司業，均滿漢各一員，總理監務；監丞亦滿漢各一員，職掌學規（徵繩）；博士、助教、學正、學錄，係國學教師，職在教誨；典籍、掌管圖書；典薄，掌管文牒；筆帖式，書寫文字。國子監（太學）的學生，有六貢三監之分：六貢卽恩、拔、歲、優、副、功；三監卽優、蔭、例。所謂六貢，恩貢是國家有慶典，卽以是年歲貢充之；拔貢十二年拔選一次；歲貢各州縣學歲貢一人；優貢每三年一次，由學政學生員於歲科考得最優者，大省四、五人，小省二人；副貢卽鄉試取得副榜的人員；功貢卽廩生之有軍功的；以上六貢，均係府、州、縣學生員中之優秀或有功勛的。所謂三監，優監生係原在學資格爲坿學生，與優貢生（其在學資格爲廪生與增生），同爲三年考選一次；蔭監生係其祖先有勛勞於國而准許入監的；例監生則係納銀入監的。坐監期限，因入監資格不同而有異；長者二十四個月，短者六個月。但亦有免坐監的，卽「在寓肄業」，以準備科舉。清代因有此規定，太學遂形同具文。

清代國子監編制，自乾隆二年（公元一七三七年）起，亦如明制，分率性、修身、誠心、正義、崇志、與廣業六堂。課程以四書五經爲主，兼及性理與通鑑，並每日習楷書六百字以上。教學方法有講書、覆書、上書與覆背等；另每月朔望，須隨祭酒、司業行釋奠禮，並聽學官講說經義。考試分季考與月考：季考由祭酒主試，月考由司業主試。月考業一等者給一分，二等者半分；一年積八分爲及格。及格後，由監按照資格咨送吏部，分別補用。監生肄業期滿，又可應廷試；廷試成績優良，可以爲官。此外，監生在監，遇有省親完婚等，許給假期；並仿明制，亦撥歷習事。

嚴格地說，清代前期的大學教育設施，因受科舉的影響，其太學（國子監）僅徒有形式，而不能發揮其應有的功能，因而書院遂爲此一階段培育人才的唯一敎育機關。清初書院的設置，尙類宋明，以私立爲多，如顏習齋倡爲習行之學，所設書院有文事、武備、經史、藝能、理學、帖括等齋，分科而敎。雍乾以後，爲防止民族思想的流播，故禁止士大夫聚徒講學，而以公帑辦理書院。據紀載雍正十一年（公元一七三三年），始詔諭督撫，各於省會設置書院；當時各省遵旨成立的，在直隸有蓮池，山東爲懷源，山西爲晉陽，河南爲大梁，江蘇有鍾山，江西有豫章，浙江有敷文，福建名鰲峰，湖北名江漢，湖南名嶽麓，城南，甘肅名蘭山，陝西名關中，四川名錦江，廣東名端溪、粤秀，廣西名秀峰、宣城，雲南有五華，貴州稱貴山。（清文獻通考）書院師長亦由督撫學官以禮聘請；生員由駐省道員專司稽察，各州縣秉公選擇，布政使會同道員考驗，果材堪造就，始准留院肄業。師生膏火，均以帑銀贍給。其餘各府、州、縣書院，或由士紳出資倡立，或由地方官府撥公帑經辦，都須申報查覈。至於課程，各書院頗不一致；中葉以後漸多八股制藝，流爲科場的準備。碑傳集載：阮元立詁經精舍，提倡考據之學，課以經史肄業及小義、天文、地理、算法。而黃以周主講南菁書院，敎以博文約禮，實事求是。（繆荃孫廣州府學敎授黃先生墓志銘）姚鼐主講鍾山書院，以古文倡天下。又李兆洛刊明人學業筌蹄，頒爲楷法；敎讀通鑑通考，以充其學；選定史記、漢書、春秋繁露、管子、荀子、呂氏春秋、商子、韓非子、賈子新書、逸周書、淮南子目錄，以博其義；擇其才者，敎作詩賦、經解、策論。（續碑傳集）敎法方面，清代書院盛行考課，近人劉伯驥撰「廣東書院制度沿革」言其月課與日課極詳，可以參閱，不贅述。

（二）後　期

如前所述，清代後期的大學教育設施，係以京師大學堂爲其主幹，地方與教會大學則居於次要的地位，故關於此一階段大學教育設施的敍述，遂較偏重於京師大學堂，僅略及於地方與教會的大學。

關於京師大學堂，可資敍述之處甚多；玆僅就其籌設經過與辦理情形，略加探究。京師大學堂的創立，直接的原因是受中日甲午之戰（公元一八九四年）的刺激，間接的原因則是當時變法維新運動中盛行的「中體西用」教育思潮的具體呈現。前面曾經提到，清末同光年間，變法維新的熱潮高漲，而興辦學校則爲其行動中的重要環節。惟維新初期所辦理的學校，都是一些爲達到某一特定目的而零星設立的，既乏系統制度，更無中心思想，所學不外語言文字，充其量亦僅及於西藝西技的皮毛；即稍有成就，亦多不明大體，而先厭華風。故辦理數十年，並未造就眞正的富國強兵的人才，反而甲午一戰，缺點完全暴露，因而乃促成了變法須超越器物的層面而及於制度的層面，即「西政」重於「西藝」的主張。當時維新人士對此均亟力倡導，如梁啓超說：「今日之學，當以政學爲主義，以藝學爲附庸。」（學校餘論變法通議）張之洞亦強調「大抵救世之計，謀國之方，政尤急於藝」。（勸學篇下設學第三）其餘持相同見解的尙多，不一一引述。這種主張見於具體行動的，是光緒二十二年（公元一八九六年）刑部侍郎李端棻的「推廣學校以勵人才」一摺。李端棻在此奏摺中主張，自京師以及各省、府、州、縣皆設學堂；而於京師設立大學堂則奏言：「京師大學選舉貢監生年三十以下者入學，其京官願學者聽之；學中課程如省學，增益加專精，各執一門。不遷其業，以三年爲期。」（光緒朝東華錄七）摺上之後，總理衙門議覆：「該侍郎所請於京師建立大學堂，係爲擴充官書局起見，應請旨飭下管理書局大臣，察度情勢，妥籌辦理。」（「時務報」第七冊，總署「議覆李侍郎推廣學校摺」）當時管理書局大臣孫家鼐奉命負責籌辦之後，卽悉心妥議開辦京師大學堂的當務之急六款❶奏覆。但以執政者因循，推諉兩年迄不採取行動。光緒二十四年（公元八九八年）春，御史王鵬運又奏請開辦京師大學堂；德宗遂於四月二十三日在「定國是詔」中提示：「京師大學堂爲各行省之倡，尤應首先舉辦；著軍機大臣，總理各國事務王大臣，會同妥速議奏。」（德宗實錄卷四一八）命軍機大臣會同總理各國事務衙門王大臣等，妥議開辦詳細章程。嗣復經催辦，總署乃「查取東西洋各國學制度，暨各省學現行章程」，斟酌損益，草定章程八十餘條，❷由軍機大臣、總理各國事務王大臣會同具奏「遵籌開辦京師大學堂章程疏」，並坿議定的章程凡八章五十二條；對於立學宗旨、學堂功課、學生入學、學成出身、聘用教習、行政組織、與學堂經費等，均有明確的規定。至此，籌辦的京師大學堂的制度規模，始告初步確定。原疏尙列舉應辦事項計有四端：寬籌經費，宏建學舍；愼選管學大臣；簡派總教習。五月十五日，奉諭准照所議辦理，並派孫家鼐爲管理大學堂事務大臣：「京師大學堂爲各行省之倡，必須規模宏遠，始足以隆觀聽而育英才。現據該王大臣詳擬章程，參倣泰西學堂，綱擧目張，已屬周備，卽著照所擬辦理。派孫家鼐管理大學堂事務；辦事各員，由該大臣愼選奏派，至總教習總司功課，尤須選學賅中外之人，奏請簡派。其分教習各員，亦一並精選，中西並用。所需經費及常年款項，著戶部分別籌撥，所有原設官書局及新設譯書局均

---

❶ 六款爲：先定宗旨；速造學堂；學問分科；訪求敎習；愼選生徒；推廣出身。

❷ 據胡敬思撰「政變月紀」，謂當時百事草創，無成案可循，總署倉皇不知所措，乃私屬梁啓超起草；梁乃「略取日本東京學規，參以各省學堂現行章程，草定章程，斟酌損益，草定章程八十餘條上之」。卽爲正式由軍機大臣及總理各國事務王大臣議奏之「開辦京師大學堂章程」凡八章五十二條之所本。

並入大學堂，由管學大臣督率辦理。」（光緖朝東華錄七）孫家鼐受命之後，開始積極進行。首先擇定景山下地安門內馬神廟地方四公主府第爲大學堂校址；唯以房舍年久失修，無法開辦上課。而此時適御史張承纓奏請於五城添立中小學，遂諭旨著孫家鼐酌核辦理。孫家鼐於六月十七日議覆於五城建立中學堂與小學堂；同日奉上諭著孫家鼐將京師大學堂曁五城所設學堂統籌辦理，妥議具奏。六月二十二日，孫家鼐因復擬定「籌辦大學堂大概情形」八條呈奏：1. 擬立仕學院；2. 寬籌出路；3. 變通中西學分門；4. 出身名器宜愼；5. 譯書宜愼；6. 擬設西學總敎習；7. 掌門西敎習薪水宜從寬；8. 膏火宜酌量變通。（光緖朝東華續錄）同日奉上諭，即著孫家鼐按照所擬節認眞辦理，以專責成；其學堂房舍，則令內務府尅日修理，交管理大學堂大臣，以便及時開辦；並賞給丁韙良（W. A. P. Martin）二品頂戴，派充西學總敎習。（光緖朝東華錄七）京師大學堂至此已籌備就緖，故六月二十九日孫氏又奉諭旨，命其迅速開辦京師大學堂；上諭中並有「國家昌明政敎，不惜多發帑金」之語。（德景實錄卷四二二）但不幸正當學堂即將開辦，學生報名投考之際，八月六日政變突作，一切新政均被推翻；大學堂雖以萌芽較早，得准保留，然物是人非，乃於是年十月十日（公元一八九八年十二月三日）草草開學上課。

以上爲京師大學堂籌辦的經過。至於辦理的情形，亦是累遭波折，時有變更。京師大學堂開辦後遭遇到的第一個波折，是庚子拳亂（公元一九〇〇年）。一時人心惶惶，學堂先行停課，嗣校舍爲拳匪佔據，管學大臣許景澄因極諫被戮，聯軍佔領期間，俄兵更以大學堂爲營房，校舍殘破，師生離散，大學堂因此停辦了兩年。辛丑和約（公元一九〇一年）簽訂之後，朝廷痛定思痛，再行新政，因於光緖二十七年十二月一日下詔，將從前所建大學堂，切實舉辦，並派張百熙爲管學大臣，命其悉心妥議辦理章程，隨時具奏。（同上）次日，復命將京師同文館併入大學堂（原隸外務部），責成張百熙管理，認眞加以整頓。張氏受任後，悉心籌劃，以謀開拓；於光緒二十八年（公元一九〇二年）一月六日奏陳辦理情形：因各省、府、州、縣學堂尚未徧設，開辦需時，目前尚無應入大學堂肄業之學生，其變通辦法，卽暫不設專門分科，先設預備科及速成科；前者分政、藝二門，後者分仕學、師範二館。爲廣見聞，就大學堂附設官書局原址，改設譯書局；爲廣儲中外書籍，又附設藏書樓一所。一月十二日，以宗室及覺羅等學，久經廢弛，流弊滋多，八旗官學，於中西根柢之學，亦少講求，詔卽援同文館之成例，將宗室、覺羅、八旗官學等，合併爲中、小學堂，均歸大學堂辦理。三月四日，開辦譯書局；七月十二日，張百熙奏呈大學堂章程，卽所謂「欽定學堂章程」。這一章程乃是我國第一次正式訂頒的全國性學務綱要，於全國的學制，均有統籌的規定；其於京師大學堂，規定內設大學院、大學專門分科與預備科，專門科分政治、文學、格致、農業、工藝、商科及醫科等七門，預科則分政、藝兩門，並附設仕學館與師範館。九月，大學堂整修工程告竣，乃出示招考學生，暫先開辦速成科的師範與仕學二館。十一月二十八日，因拳亂而停辦兩年的京師大學堂，又重新恢復上課；計錄取仕學館學生五十七名，師範館學生七十九名，合計一百三十六名。

京師大學堂在停辦兩年之後，雖再開學，但整頓期間，張百熙頗受滿人及守舊者之嫉視；其後更於光緒二十九年（公元一九〇三年）一月十日，增派榮慶爲管學大臣，會同張百熙管理大學堂事宜，至此張氏益無權。同月，大學堂添設進士館，令新進士皆入館肄業；三月，設譯學館，將原設的繙譯科歸併於內；又添設醫學實業館，授中西醫學；均招生於九月上課。同年五月，清廷又派張之洞會同張百熙與榮慶重訂大學堂章程。半年後，張之洞奏進新擬大學堂章程，卽所謂「奏定學堂章程」；其關於大學堂本身部分爲：改大學院爲通儒院；大學先設預備科；本科分設經學、政治、文學、醫學、格致、農、工、商等八科；師範舘改照優級師範學堂辦理；仕學舘則比照進士舘辦理。張之洞又奏請專設總理學務大臣，以統轄全國學務，另設總監督，專管大學堂事務，受學務大臣節制；原管學大臣所兼管的全國學堂行政與附屬機構如譯學舘等，皆改隸學務大臣。首任學務大臣爲孫家鼐，首任總監督爲張亨嘉。

自奏定學堂章程訂頒後，京師大學堂卽據以整頓與發展。光緒三十年（一九〇四年）一月，奏准開辦預備科，並添招師範新班；一月仕學舘併入進士舘；七月停辦編譯局。三十一年（公元一九〇五年）二月，於前門外後孫公園另建校舍，並將醫學實業舘改爲醫學舘。三十三年（公元一九〇七年）一月，改進士舘爲法政學堂；七月附設博物品實習科，先辦簡易科。三十四年（公元一九〇八年）五月，學部奏改京師大學堂優級師範科爲京師優級師範學堂，並以五城中學堂爲校舍，卽後來國立北平師範大學的前身。宣統元年（公元一九〇九年）三月，學部奏改京師大學堂預備科爲京師高等學堂；五月，停辦速成師範舘；十一月，學部又奏籌辦分科大學，暫先開辦經、法、文、格致、農、工、商七科。二年（公元一九一〇年）一月，分開大學開學，因建築分科大學工程尙未竣事，暫借預備科舊址先行上課。三年（公元一九一一年）九月，京師譯學舘併入大學堂內。次年（公元一九一二年），民國成立，京師大學堂改稱「北京大學」；後又冠以「國立」二字。

綜右所述，爲京師大學堂辦理的大概情形；至其詳盡內容，自編制、人事、經費、設備、學生、課程、以至訓導與管理等，不備述。

除京師大學堂外，此一時期的大學教育設施，尙有各地方及教會所辦理的大學。在京師以外地方辦理的大學計有：光緒十三年（公元一八八七年）李鴻章在天津創設的北洋大學（雖有大學之名，而實際爲專科學校）；光緒二十一年（公元一八九五年）盛宣懷在天津所辦的中西學堂的頭等學堂；二十三年（公元一八九七年）盛氏在上海設立的南洋公學的上院；二十七年（公元一九〇一年）袁世凱奏陳辦理山東學堂事宜及試辦章程，其中分齋督課的專齋，相當於大學，後更有山東大學的設立；同年，浙江求是中西書院改稱浙江省求是大學堂，及江蘇巡撫聶緝槼奏准將蘇州中西學堂改爲蘇州省城大學堂等。由敎會辦理的大學計有：道光二十五年（公元一八四五年）美國聖公會創立學校於上海，後改名爲約翰書院；同治十年（公元一八七一年）設學校於武昌，後改名爲文華書院；至光緒末年兩校均改爲大學（卽聖約翰大學與華中大學）。同治三年（公元一八六四年）美國長老會設文會舘於山東登州；五年（公元一八六六年）英國浸信會設廣德書院於青州；後兩校合併爲廣文學堂，移設濰縣；至民國六年（公元一九一七年）復與濟南醫學合併爲齊魯大學。光緒十四年（公元一八八八年）美國美以美會設滙文書院於北京；十九年（公元一八九三年）公理會設潞河書院於通縣；後來兩校合併爲燕京大學。光緒七年（公元一八八一年）美國衞公會設中西書院於上海；二十三年（公元一八九七年）設中西書院於蘇州，後來兩者合併爲東吳大學。光緒十一年（公元一八八五年）美國長老會在廣州、澳門等地設立學校，後來合組爲嶺南大學。其餘敎會大學尙多，唯以資料不全，不能確定其開辦的正確時間。

最後，書院在清代後期的大學敎育設施中，已喪失其原有的地位；雖有少數疆臣大吏的提倡，如阮元與張之洞等，所至均興辦書院，然由於新式學校的興起，書院乃日趨式微。但其中仍有少數略值一述的，如光緒初年浙江巡撫廖壽豐於浙江省城設求是書院，延一西人爲正敎習，敎授各種西學，華敎習二人副之，一授算學，一授西方。（清文獻通考）由此可以看出書院的敎育內容，已有改變，中學之外，亦兼授西學了。及至後來京師大學堂創立，其章程規定將全國各省、府、縣的大小書院改爲學堂，其在省城的改爲高等學堂，在府的爲中學堂，在州縣爲小學堂，至此在中國流行已一千餘年的書院，終於漸由萎縮而全告凋零了。

玖、民國發展時期

中國的大學教育，如上溯虞代的「上庠」，爲時逾四千年，其歷史不可謂不長。然而，四千多年的大學教育，亦有其難以掩飾的瑕疵；非常明顯的，持續性短而普及性低，乃是兩個最主要的缺點。中國歷史的發展，經常是治亂相間，分合不定；而每當國家分裂與政治紊亂，最先遭受打擊並且損失重大的，便是教育。喪亂之餘，間或偶有一二時君世主，尙不忘情於教育，然亦多徒有虛名，鮮有實際。以此，四千多年以來的中國大學教育，便一直隨着朝代的更換與戰亂的蔓延，時斷時續，一廢一興，從來沒有持續而不間斷地穩定發展過；這可說是中國大學教育的致命傷。中國大學教育的另一重大缺陷，乃是缺乏普及性。無可諱言的，中國歷代的大學，除漢代的太學初設之時，其入學的資格沒有身份的限制，並且東漢質帝時大學生一度增盛至三萬餘人外，其餘各代，學校的名稱雖有不同，但學生的身份具有階級性則無二致。這一點雖不能以今天的標準來衡量，然不能不說是中國大學教育發展史上美中不足的地方。以上兩種現象，進入民國以後，情況大有改變；尤以政府遷臺三十多年，大學教育不僅在質與量兩方面均有長足的進步，最重要的是，教育機會均等的原則能夠充分實現，身份與地位不再是大學入學的條件或障碍。爰以「民國發展時期」，述辛亥革命以後的大學教育。

一、社會文化背景

辛亥革命，民國建立，在中國歷史上乃劃時代的變革；其有影響於教育的，自亦不待言。茲分從政治、經濟、社會與文化等方面，略述民國建立七十多年以來影響於教育發展的各種背景。

首就政治而言，革命成功，民國建立，一方面結束滿清二百餘年的異族統治，一方面也改變傳統牢不可破的專制政體；從此中華民國的國民，均是國家的主人翁，可說已爲教育機會均等的原則，奠立良好的基礎。然而不幸的，民國初年的軍閥割據，繼以北伐統一後不久的對日戰爭，在內憂外患的雙重摧折下，中國的教育始終沒有獲得安定與良好的發展機會。八年抗戰結束，未曾稍事喘息，國家又遭逢巨變，政府播遷來臺；在約三十年的時間內，由於政治情勢的穩定，舉國一致的努力，教育事業的發展，頗有一日千里之勢，就中尤以大學教育的發展，成就空前。

其次，談到經濟。自清末以至民初，外有帝國主義者的經濟侵略，內有貪殘軍閥的橫征暴斂，傳統落後的中國農業經濟，已瀕臨全面破產的邊緣。北伐統一之後，一度因戰費支出減少與法幣改革成功，經濟情況略有起色；但八年的抗日戰爭，又再陷基礎薄弱的中國經濟於不能自拔的泥淖。戰後通貨膨脹，物價飛騰，直接固造成經濟的急速崩潰，間接亦導致政治及軍事的紊亂與失敗。所幸臺灣因措施得宜，先有新臺幣的改革，復有「三七五減租」的施行，使臺灣的經濟未被波及，得保小康的局面，奠下後來經濟建設的基礎。政府遷臺以後，經濟發展的成功，得力於土地改革與經濟計劃；前者使內部安定，後者謀對外拓展。三十年來，在舉國一致的努力下，臺灣的經濟建設，被譽爲「奇蹟」；不但各項建設（十大建設與十二項建設）先後完成，國民所得與對外貿易亦大幅成長。預計自七十一年開始實施的新四年經濟計劃完成後，中華民國將可躋身於開發國家之林，達成國家現代化的目的。

至於社會方面，革命對於當時社會最明顯的影響，一是中國境內各民族的地位一律平等，不再有特權階級的存在，一是婦女的獲得解放，享有與男子同等的權利。同時由於風氣的轉變，傳統社會的一些不良風俗習慣，已逐漸改良而有進步；而民智發達的結果，亦使一般國民對於政治的參與、社會的改造、經濟的開發，以及文化的建設等，不僅知道關切，而且願意貢獻力量。尤以八年抗日的戰爭，更激發了全民一致的同仇敵愾之心，以拯救國家民族的危亡。政府遷臺三十餘年之間，致力於各種社會改進與福利措施，人民的生活安和樂利，正朝着民生主義理想的社會建設邁進。然近年由於工商業發達的結果，社會風氣漸趨浮華，各種經濟與暴力犯罪增多，實爲隱憂。

最後，關於文化，清末變法維新，已開引進西方文化的先河；民國肇造，革故鼎新，西方文化輸入的速度加快，「五四運動」期間，甚至有「全盤西化」的呼聲。然而，國情不同、背景有別，西方文化的菁華「德先生」與「賽先生」輸入中國的結果，橘逾淮而爲枳，不但沒有使中國現代化，達到富強康樂的境地，反而由於盲目吸收，不知選擇，造成思想上的極端紊亂，並招致國家民族的更大災難。其間雖不無少數具有眞知灼見之士，或指出中國文化發展的正確方向，或推動具體可行的方案，前者如 國父孫中山先生所倡導的三民主義，後者如先總統 蔣公所推行的新生活運動，然不是由於共信不堅，就是因爲未能貫徹，以致功效不彰。三十八年政府退守臺灣，痛定思痛，深知大陸的失敗，種因於思想的徬徨與文化的虛脫，故總統 蔣公於民國五十五年，又發起「中華文化復興運動」，要以「倫理」、「民主」、與「科學」三者爲基礎，建設現代化的國家，不再蹈過去「偏而不全」或者「捨己耘人」的覆轍；庶幾復國建國的根本既立，而成效可期。最近，在十二項建設中，有一項與文化建設有密切關係的，便是在每一縣市均建一「文化中心」；將來完成之後，當可使文化建設落實於行動，而不流於空泛的口號。

二、一般教育概況

我國現代教育的興辦，並不始於民國元年；然而，健全的發展與蓬勃的成長，卻必待革命成功以後。原來我國現代新式學校的設立，肇因於清末的變法維新，自立圖強；凡所辦理的學校，類多偏重一技一藝的傳習，既乏高遠的理想，亦鮮整體的規劃。此種切功近利，徒事模仿與抄襲的教育事業，其不能正常發展，以達成預期目的，自在意料之中。以此，民國建立以後，國體變更，教育亦不能不改弦更張，另謀開展。玆擇要分述民國七十年來有關教育宗旨（含政策）、教育行政、與學校制度等方面重大的調整與改進，俾可明瞭此一時期教育發展的概略情況。

首先，談到教育宗旨。清末雖已鑒於教育「必須審定宗旨，以定趨嚮」，而訂頒「忠君、尊孔、尙公、尙武、尙實」五項教育宗旨，但民國的國體變更，教育宗旨自不能不隨之更張。民國元年所公布的教育宗旨爲：「注重道德教育，以實教育、軍國民教育輔之，更以美感教育完成其道德。」此一教育宗旨係出於當時教育總長蔡元培的主張；蔡氏爲提出其主張，曾發表「對教育方針之意見」一文，詳爲說明，（文繁不具引）唯其中「世界觀教育」一項，以陳義過高而未納入上述宗旨之中。民國四年，袁世凱陰謀稱帝，因先頒布「教育綱要」，繼依據此項教育綱要訂定教育宗旨爲：「愛國、尙武、崇實，法孔孟、重自治、戒貪爭、戒躁進。」七拼八湊、不倫不類，適足以暴露其帝制自爲之野心。不久袁氏敗亡，此項教育宗旨亦隨之而失效。自此一直到民國十八年「中華民國教育宗旨」的公布，十餘年間，我國的教育可說是陷於一種無目的（卽宗旨）的狀態。適於此時，美國的教育家杜威（John Dewey, 1859-1952）來華講學，高唱「教育無目的」說，故第五次全國教育聯合會因有廢止教育宗旨的決議；而民國十一年所實施的學制改革，亦僅有改革學制的標準七項，而無正式的教育宗旨。及至北伐成功，第一次全國教育會議於民國十七年五月在南京舉行，會議中決議將施行中的黨化教育改爲三民主義的教育，並採取三民主義爲教育宗旨。民國十六年四月二十六日，國民政府遂根據中國國民黨第三次全國代表大會所通過的「確定教育宗旨及其實施方針案」，正式公布「中華民國教育宗旨及其實施方針」，中華民國的教育宗旨始經確定爲：「中華民國的教育，根據三民主義，以充實人民生活，扶植社會生存，發展國民生計，延續民族生命爲目的；務期民族獨立，民權普遍，民生發展，以促進世界大同。」另有實施方針八條，不贅。

自民國十八年的中華民國教育宗旨公布後，確定三民主義爲教育設施的最高指導原則，不僅爲我國的教育指引出一個正確的方向，並也奠下了一條發展的坦途。故五十多年以來，中華民國的教育，即在以三民主義爲中心思想的教育決策下，一方面能夠健全的發展，一方面獲得不斷的進步。在此五十餘年期間，雖然不同階段的教育政策，由於時空因素的轉變，或爲適應特殊情況的需要，而有因時、因地、因事制宜的舉措，但以三民主義爲最高指導原則的基本立場，則從未改變。自教育宗旨公布以後，民國二十五年五月國民會議通過的「教育實施趨向」，六月國民政府公布的「訓政時期約法」中的第五章「國民教育」；中經八年抗戰，民國二十七年四月中國國民黨臨時全國代表大會制定的「抗戰建國綱領」及訂頒的「戰時各級教育實施綱要」；繼以憲政實施，三十六年一月公布的「中華民國憲法」中的文化教育專條；暨政府遷臺以後，三十九年六月訂頒的「戡亂建國教育實施綱要」，民國五十七年的實施九年國民教育，五十九年八月第五次全國教育會議所通過的「復國建國教育綱領」、「光復大陸教育文化重建綱要」與「長期教育發展計劃綱要」，民國六十五年十一月中國國民黨第十一次全國代表大會通過的「加強三民主義思想教育功能案」等；無一不是依據三民主義爲其最高指導原則，而以達成三民主義理想的實現爲其終極的標的。就中尤以憲法條文的規定與九年國民教育的實施，具有劃時代的意義，特再加以補充說明。

有關憲法中文化教育的條文，係第一五八條：「教育文化，應發展國民之民族精神，自治精神，國民道德，健全體格，科學及生活智能。」雖未明白標示三民主義，但在精神上卻與十八年的教育宗旨完全一致。其餘自一五九條至一六七條，所涉及的均係關於文化教育的基本政策。憲法的實施，開中華民國教育的新紀元，其意義的重大，自不可言喻。

至於九年國民教育的實施，則是先總統　蔣公於民國五十六年六月二十七日在總統府　國父紀念月會中提示，政府將繼土地改革政策成功之後，加速九年義務教育計劃的推行；嗣又於同年八月九日在中國國民黨中央常會中指示，九年國民教育計劃，務希於五十七學年度開始實施。各級政府遵即積極展開各項籌備工作，立法院亦於五十七年一月十九日完成「九年國民教育實施條例」的立法程序，而全國的國民中學遂於民國五十七年九月九日舉行聯合開學典禮；中華民國教育史上一件空前的創舉，於焉邁出成功的第一步。最近政府更決定，以九年國教實施的成果爲基礎，規劃逐步將國民教育的年限延長至十二年，唯其強調以「職業教育爲主」，則不無值得商榷之處。

其次，在教育行政方面。清末所建立的教育行政體制，民國成立後，即隨國體的改變而有所更張。

原中央教育行政機關的學部，於民元共和政府成立時，改爲教育部；唯內部組織，較少變更。至於地方教育行政機關，省級於民國六年始定制爲教育廳；縣級更遲至民國十二年纔設立教育局。民國十六年，國民政府定都南京，我國的教育行政體制曾有一次重大的變革。此次變革係仿效法國，於中央設立大學院，爲全國最高的學術及教育行政機關；並將全國劃分爲若干大學區，每區設大學一所，以大學校長兼管本區內一切學術與教育行政事宜。但大學院制施行不到兩年，便告廢止，中央仍設教育部；大學區當時僅江、浙兩省與北平區試行，亦隨中央改制而恢復爲教育廳。至於縣級教育行政機關，則無變動。自玆以降，我國的教育行政一直保持中央、省與縣（市）的三級均權體制；其間僅內部的組織因業務的需要而略有調整，縣（市）教育行政機關的名稱，或科或局，偶有改變而已。

最後，關於學校制度。同樣民初對於清末所訂的學制，亦曾予以修改。民初對於清末學制的第一次修正，是在民國元年。民國元年公布的學制系統，全部學程共計十八年，分爲三段四級：第一段爲初等教育，分初等小學（四年）與高等小學（三年）兩級；第二段爲中等教育，僅中學（四年）一級；第三段爲高等教育，亦只大學一級，唯分本科（三至四年）及預科（三年）。此外，在正式學程之外，尙有蒙養院，屬學前教育，大學院爲研究階段，均不計年限。另師範學校分高等師範（四年，本科三年，預科一年）與師範（四年，本科三年，預科一年）兩級；實業學校則有甲種與乙種實業學校（各爲三年）之分，其上並有專門學校（四年，本科三年，預科一年）之設。民元學制公布之後，次年起卽陸續小有修改，但幅度不大；其大事更張則是民國十一年的事。民國十一年改訂的學制，其後稱爲「新學制」，係以美國的「六、三、三、四制」爲藍本，依據兒童身心發展的過程，將學制劃分爲初等、中等與高等教育三個階段，分別與之配合。新學制與前此的制度比較，其變動最大的部分，爲中等教育階段；新制中學分爲高初兩級（各爲三年），型態可以變化，亦得合設或分設，高級中學並採綜合制，可單設一科或兼設數科。唯當時所有中等學校，幾全採多科合設，獨立的師範學校與職業學校，一時消失殆盡，對於當時及其後我國國民教育的普及與工商業的發展，均有不利的影響，可說爲始料所不及。所幸發覺尚早，民國二十一年，鑒於新學制造成的不利影響，教育部先後分別公布中學法、師範學校法與職業學校法，將師範學校及職業學校與普通中學重行分開，各自分別設立，以資補救。

儘管新學制自公布以後，一直施行至今，其基本的間架迄未變更，然而在施行的過程中，由於事實的需要，亦間作局部的修訂；除前述中等教育階段的調整外，尚有幾次小幅度的變動。這些變動包括：㈠民國二十七年七月「師範學院規程」的公布，創設獨立的師範學院，以培育戰時急需的中等學校師資；㈡二十九年三月教育部訂定「國民教育實施綱領」，改小學爲國民學校及中心國民學校，以積極推展國民教育；㈢民國四十九年八月，臺灣省教育廳爲提高國民學校師資素質，決定逐年將全省的師範學校改爲師範專科學校，初爲招收高中畢業生的兩年制，後又改爲招收初中畢業生的五年制。㈣民國五十七年實施九年國民教育，原來的初級中學一律改爲國民中學，而國民學校則改稱國民小學；至初級職業學校，亦自五十七學年度起停辦。

綜括民國十一年公布的新學制，暨後來歷次的修改，我國現行的學制系統，則有如下圖所示：

我國現行學校系統圖

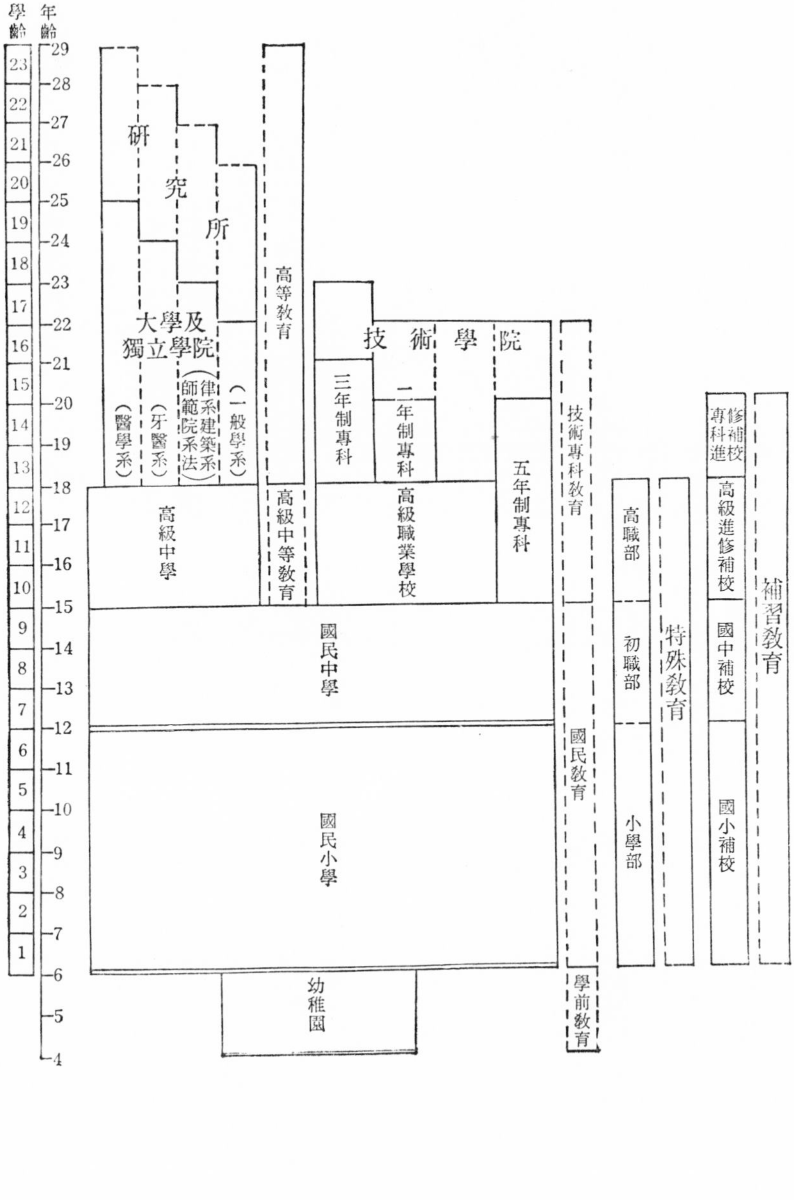
學齡
年齡
1 2 3 4 5 6 7 8 9 10 11 12 13 14 15 16 17 18 19 20 21 22 23
4 5 6 7 8 9 10 11 12 13 14 15 16 17 18 19 20 21 22 23 24 25 26 27 28 29
研究所
大學及獨立學院
（醫學系）
（牙醫系）
（律系建築系
師範院系法）
（一般學系）
高等教育
技術學院
三年制專科
二年制專科
五年制專科
高級中學
高級中等教育
高級職業學校
國民中學
國民小學
幼稚園
技術專科教育
國民教育
學前教育
高職部
初職部
小學部
特殊教育
專科進修補校
高級進修補校
國中補校
國小補校
補習教育

三、大學教育設施

從以上關於中華民國建國七十多年以來教育宗旨（含政策）、教育行政與學校制度等方面的敍述，已可約略得知我國一般教育的概況；茲進而探究此一時期大學教育的設施。就發展的過程而言，民國七十多年來的大學教育設施，可分以下幾個重要的階段加以敍述：民國初年；北伐以後；抗戰期間（包括勝利復原）；與遷臺時期。以上四個階段，以遷臺時期（民國三十九年迄今）的時間爲最長；而我國大學教育設施的進步，亦以此一期間爲最大。茲分述各階段大學教育設施的重要內容於次：

（一）民國初年

中國新式的大學，清末已經設立；除由中央政府辦理的京師大學堂外，尙有地方性的大學，如天津的北洋大學堂（國立北洋工學院的前身）與浙江的求是大學堂（國立浙江大學的前身），以及傳教士所辦理的教會大學，如上海的聖約翰大學與蘇州的東吳大學等。前已述及，此不多贅。然不可否認的，中國大學教育的蓬勃發展與快速進步，卻是民國建立以後的事。唯初期由於缺乏完整與正確可靠的統計數字，（就中教育經費一項，因幣值變動的關係，即使有完整的統計數字，其所顯示的意義亦不大。）故關於此一階段大學教育的敍述，不宜採取以數字說明的方式，祇能選擇重點加以討論。

進入民國以後，與大學教育直接有關的第一件事，是將原「京師大學堂」改爲「北京大學」；後更冠以「國立」二字。就我國大學教育的發展史而言，北京大學是當時唯一的國立大學。其次，跟大學教育有關的另一件事，是教育部在民國元年四月成立後，於七月間召開全國臨時教育會議，制定教育宗旨，確立學制系統。在民元所公布的學制系統（通稱「壬子學制」）中，大學教育屬於全部學程的第三段，分本科及預科，本科肄業年限爲三或四年，預科爲三年；大學之上，另設大學院，不定年限。接着，教育部於十月頒布「大學令」，規定大學以「教授高深學術，養成碩學閎材，應國家建設需要」爲宗旨。二年一月，教育部又公布「大學規程」；依據民元的大學令及大學規程，大學分爲七科：文、理、法、商、醫、農、工，並以文、理兩科爲主，凡文、理兩科並設者，及文科兼法、商二科或理科兼醫、農、工三科（或三科中兼二科或一科）者，方得稱爲大學。在這方面，新的法規顯示兩個特色：一是清末大學中「經學」一科的取消，一是新制大學以文、理兩科爲主幹；前者可說是觀念的改變，後者則是措施的進步。關於前者，清末變法維新，「中學爲體，西學爲用」始終是一個奉行不渝的基本原則，故幾次有關大學教育設施的學堂章程中，都把「經學」一科列爲各科之首；如今將經學一科取消，大學由八科變爲七科，在觀念上不能說不是一大改變。關於後者，乃是大學七科之中，以文、理兩科爲其他各科的基礎，凡文、理兩科並設，或設一科而兼辦他科的，方得稱爲大學，而未設文、理兩科或其中之一科的，則不得稱爲大學；這種措施，在認識上極爲正確，當然是一種進步。至於以文、理兩科爲大學各科的基礎，反映出當時的大學把學術的研究作爲工作的中心，把實際應用的訓練視爲附帶的任務，則是理論上必然的結果。因爲文、理兩科是純學術的，而其他各科均帶有實用的價值。

除此而外，依照前述法規的規定，大學各科之下再分門：文科分哲學、文學、歷史學與地理學四門；理科分數學、星學、理論物理學、實驗物理學、化學、動物學、植物學、地質學與礦物學九門；法科分法律學、政治學與經濟學三門；商科分爲銀行學、保險學、外國貿易學、領事學、稅關倉庫學與交通學六門；醫科分爲醫學與藥學二門；農科分爲農學、農藝化學、林學與獸醫學四門；工科則分土木工學、機械工學、船用機關學、造船學、造兵學、電氣工學、建築學、應用化學、火藥學、採礦學與冶金學十一門。以上所規定的「科」與「門」，當時的大學沒有設全的，例如那時全國唯一的國立大學——北京大學，便沒有設立醫科。

另在預科方面，爲了適應本科的需要，新制預科分爲三部：第一部是養成升入大學文、理、法、商四科的入學資格與能力；第二部係理、農、工三科以及藥學門的預備階段；第三部則專爲醫科的醫學門而設。由於其時北京大學未設醫科，故預科亦只開辦第一部與第二部。至於大學院，係由原「通儒院」改設，名稱雖有更易，性質卻無改變。

又大學規程對於學生的入學資格，亦有規定：大學學生的入學資格爲預科畢業或有同等學力者；預科學生的入學資格爲中學畢業或有同等學力者。

從民國三年到五年之間，關於大學的發展，有採取分區設置的計劃；初擬分全國爲六大學區，後又增爲七個學區，要在北京大學之外，分別於南京、太原、武昌、廣州、雲南、奉天等六處，各增設國立大學一所，但事實上未曾實現。

民國六年九月，教育部爲了改進大學教育設施，公布新的大學令。依據新的大學令的規定：1.大學可以不必兼設文、理兩科或其中之一科，凡設兩科的，卽可稱爲大學，僅設一科的，則稱爲單科大學；換句話說，前此「大學以文、理兩科爲基礎」的精神（限制）放棄（取消）了。2.大學修業年限，本科延長一年，改爲四年，而預科則縮短爲兩年；預科並不得單獨設立。3.大學教員的等級，分爲「正教授」、「教授」與「助教授」三級，但必要時得延聘「講師」；講師具有特殊的地位，不列入大學教員的等級，另「助教」亦不列入大學教員的等級。這三項新的規定，以第一項的影響最大。因爲大學設立的限制小了，單科亦可稱爲大學，於是新的大學紛紛設立，從民國六年到民國十六年，短短的十年之間，大學的數目從公私合計的十所（公立三所，私立七所），激增至五十二所（公立三四所，私立一八所）。量的快速增加，難免不引起質的降低，因此，此一階段的大學教育，頗爲時人所詬病。❶但第三項有關大學教員等級的規定，反較現制的分爲教授、副教授、講師與助教四級爲合理。

在民六與民十六年十年之間，影響於大學教育發展的，除新的大學令外，尚有民國十一年的學制改革與民國十三年的國立大學條例的公布。民國十一年的學制改革，即後來通稱的新學制的施行；新學制在大學教育方面所產生的影響，其重大的有：1.大學設一科或數科均可，其祇設一科的，即爲單科大學，如工科大學或醫科大學之類。2.大學修業年限，除醫科、法科至少爲五年之外，其他各科定爲四年；同時由於中學修業年限延長(高、初中各爲三年，共計六年），大學預科因此取消。3.大學各科均採選課制。4.在大學以外，由於學科性質的不同以及地方的特別情形，得設專門學校，招收高中畢業生，在校修業三年以上；如年限與大學相同，亦得享受與大學相等的待遇。5.大學與專門學校得附設「專修科」；年限不定。6.大學本科之上，仍設置注重學術研究的大學院，不定年限。其實上述各項影響，有的是民六的大學令的既有規定，如單科大學的設置；有的則是少數學校經已實施，而新學制加以採行的，如選課制與學分制，是東南大學與北京大學於民九及民十年時分別改學級制爲選課制、改學年制爲

---

❶「據中華教育改進社之調查，北京一處，在十三四年間，全城大學由十二增至十九所，爲世界之冠；推原其故，當由新學制對於大學設立之規定極寬，故前此之專門學校，皆升爲大學，且私人鑒於開辦大學之易，均紛紛設立，故數量雖增，而內容則愈趨愈下。」引見第一次中國教育年鑑。

學分制，至此各大學遂普遍採行。至於民國十三年二月教育部所公布的「國立大學條例」，除重申民元大學令中所規定的宗旨外，關於國立大學的組織，有如下幾項新的規定：1.國立大學設校長一人，由教育總長聘任之；2.大學設正教授、教授，由校長聘任之，並得延聘講師；3.國立大學設董事會及評議會，前者由校長、部派董事、及聘任董事組成，審議學校計劃、預算、決算及其他重大事項，後者由校長、正教授、教授互推代表組成，評議學校內部組織、各項章程、及其他重要事項；4.國立大學各科、各學系及大學院各設主任一人，由正教授或教授兼任之；5.設教務會議，由各科、各學系及大學院之主任組成之，審議學則及全校教學、訓育事項；6.必要時設教務長一人，由正教授或教授兼任之；7.各科、各學系及大學院各設教授會，規畫課程及其進行事宜。此一條例於大學的組織，頗有使之制度化的功能；自其公布以後，前此所公布的大學令與大學規程，均同時廢止。

(二) 北伐以後

民國十六年北伐成功，國民政府定都南京。由於國家統一，政治安定，我國大學教育的發展，在迄至抗戰爆發的前後約十年的期間，頗有長足的進步。首先，中央政治會議於七月間通過「中華民國大學院」組織法，並於十月中成立了中華民國大學院，爲全國最高學術及教育行政機構。大學院與教育部不同之處，在於大學院除設行政部（下分六處）以處理教育行政事務外，並設大學委員會，審議全國學術教育一切重要事項；另設中央研究院，爲全國最高的學術研究機關；又設專門委員會，研究並辦理特殊事務。在中央的教育行政機關既已改稱大學院，省級的教育行政機關「大學區」的組織條例，亦經公布，要在省區也建立起來以大學主持地方教育行政的制度；其辦法是將全國分爲若干大學區，每區設大學一所，以大學校長總理區內一切學術與教育行政事宜，並另設大學區評議會，爲審議機關。除此而外，大學區尙設：研究院，爲本大學區研究專門學術的最高機關；秘書處，輔助校長處理行政事務；高等教育處、普通教育處、擴充教育處、分別管理區內高等教育、普通教育與擴充教育事宜。當時全國計有江、浙兩省與北平一區試行。從名稱上看，無論大學院與大學區，都有重視大學教育的意味，並且使行政學術化的構想。然而，國情不同，能行於法國的制度，未必能行於中國，故懸的雖高，而反對者亦衆，大學院與大學區制遂不得不於民國十七年底與十八年初先後取消，而重新恢復教育部與教育廳的舊制。

民國十八年七月，國民政府公布「大學組織法」，爲我國大學教育史上的第一次正式立法。依據本法的規定，大學的任務爲：「研究高深學術，養成專門人才」，可說是「研究性」與「教育性」並重；在設立的主體方面，中央辦理的大學爲「國立」，地方政府辦理的爲「省（市）立」，私人辦理的爲「私立」；大學分文、理、法、教育、農、工、商、醫八學院，但必須設置三個學院以上的，方得稱爲大學，只辦一或兩科的，稱爲獨立學院；大學教員的等級，分爲教授、副教授、講師、助教四級；研究院的設立，至少須有三個研究所，已有學士學位的研究生，研究兩年以上成績合格，則授予碩士學位。其餘如大學校長「除擔任本校教課外，不得兼任他職」，（二十三年四月修正時加入）校務會議「校長得延聘專家列席」等，均係這一立法所作的規定。繼此之後，教育部又於同年八月公布「大學規程」；至此，我國大學教育的發展，不僅在制度上具備完整的規模，就是發展的趨向以及行政的運作，也都有法規可循。故自大學組織法公布以後，到對日戰爭發生之前，短短不到十年之間，我國大學教育在各方面的發展與進步，均超過前此的任何一個階段。

除十八年的大學組織法與大學規程外，教育部於民國二十三年五月及二十四年四月，又先後公布「大學研究院暫行組織規程」與「學位授予法」，於大學教育的研究階段，具有促進其發展的作用。依據大學研究院暫行組織規程的規定：1.大學爲招收大學本科畢業生研究高深學術，並供給教員便利起見，得依大學組織法第八條之規定設研究院；2.研究院分文、理、法、教育、農、工、商、醫各研究所；凡具備三研究所以上者，始得稱研究院。3.各研究所依其本科所設各系分若干部，稱某研究所某部。4.研究院、研究所暨研究所所屬各部之設立，須經教育部之核准。5.設置研究院、研究所之大學，須具備下列各條件：(1)除大學本科經費外，有確定充足之經費專供研究之用；(2)圖書儀器建築等設備，堪供研究工作之需；(3)師資優越。6.大學研究院設院長一人，得由校長兼任；各研究所及所屬各部各設主任一人。7.招收研究生時，以國立省立及立案之私立大學與獨立學院畢業生經公開考試及格者爲限，並不得限於本校畢業生；在外國大學本科畢業者，亦得應此項考試。8.在學位法未頒布前，各研究生研究期限暫定爲至少二年，期滿考核成績及格，由大學發給研究期滿考試及格之證書；前項考試應有由部核准之校外人員參加。9.研究生應習之課程及論文工作，由各校詳細擬訂，呈經教育部核定。10.研究生不得兼任校內職務；經二十八年六月修正，助教不在此限。在學位授予法中，規定學位分爲學士、碩士與博士三級。凡曾在公立或已立案之私立大學或獨立學院修業期滿，考試合格並經教育部覆核無異者，由大學或獨立學院授予學士學位。依本法獲有學士學位，曾在公立或已立案之私立大學或獨立學院之研究院（所）研究二年以上，經該院所考核成績合格者，得由該院所提出爲碩士學位候選人；通過碩士學位考試並經教育部覆核無異者，由大學或獨立學院授予碩士學位。依本法獲有碩士學位，在同於前述之研究院所繼續研究二年以上，經該院所考核成績合格並提出教育部審查許可者，得爲博士學位候選人。

又凡在學術上有特殊之著作或發明者，或曾任公私立大學及獨立學院敎授三年以上者，經敎育部審查合格，亦得爲博士學位候選人。博士學位候選人經博士學位評定會考試合格者，由敎育部授予博士學位。我國大學敎育的最後一個階段，自新式大學創設以來，雖在早期的學堂章程以至民國十一年的新學制中均有「通儒院」或「大學院」的名稱，但都只是法令中的條文規定，事實上並不曾名符其實的建立起來。後來民國十八年的大學組織法第八條，不用大學院的名稱，改稱研究院，然大學敎育中的研究階段，仍屬草創，且乏明確的法令規章可資遵循。到了「大學研究院暫行組織規程」與「學位授予法」先後頒行，我國大學敎育中的最後一級，才算是略具規模，奠下後來逐步發展的基礎；至於質量各方面均呈快速的發展與進步，則是最近二十多年的事。

於此宜附帶一述的，是中國國民黨第四屆三中全會於民國二十一年十二月曾通過「改革高等敎育案」。這個改革案分爲原則與辦法兩部分；「原則」部分計有：減少現在大學、獨立學院數量，並集中財力、人力以謀其質量之改進；各省市政府團體及私人，暫不得設立大學及文法學院，以防流弊，注重生產，以爲發展國家產業之準備；實行畢業會考，以謀學生學力之增進。「辦法」部分則包括：大學應專由敎育部設立，各省市政府團體及私人所設立之大學，除農、工、醫、理各學院有特殊成績者外，應一律停辦；國立大學暫於首都、北平、上海、廣州、武昌、西安等處各設立一所，其原有之國立大學及獨立學院，應由敎育部斟酌情形歸併或停辦；國立大學至少應設立三個學院，國立北平師範大學應即停辦；各省市政府團體及私人均不得設立文法學院，已設立者應即歸併各國立大學或令其停辦；依據上列各項辦法，改訂現行大學組織法，及其他關於高等敎育之一切法規。此一議案雖非政府所訂定的法規，並且也沒有全部付諸實行，然而自其通過以迄抗日戰爭發生這一段時間，我國在改進大學敎育設施的政策方面，實以其為指導的方針，而二十三年四月「大學組織法」的修訂，更是此一改革建議案的直接結果；其有影響於抗戰前數年我國大學教育的發展，可以概見。

(三) 抗戰期間

民國二十六年七月七日，為期八年的抗日戰爭爆發；使我國基礎本不甚穩固、而新近整頓卻尚未臻健全的大學教育，一時在發展上飽受打擊、備遭摧殘。戰事發生不久，我國兩處大學薈萃之區——平津與京滬，相繼淪陷；故當時我國的大學遭受戰火波及的，幾達半數以上。所幸國人心理上已有準備，各大學亦應變得宜，使我國的大學教育不僅沒有中斷，而且其正常的功能尚勉能發揮。抗戰期間，政府關於戰時高等教育（以大學為主）發展的策略，是一方面堅持長期的抗戰，一方面培育建國的人才；除了為適應抗戰的需要而作的一些臨時的措施外，一切「仍以維持正常教育為主旨」。戰事初起之時，平津一帶的大學，即紛紛疏散教師與學生南下。二十六年十一月，原設北平的北京大學、清華大學與原設天津的南開大學，奉令在湖南長沙聯合組成「長沙臨時大學」；原設北平的北平大學、師範大學與原設天津的北洋工學院，亦在陝西西安合組「西安臨時大學」。二十七年秋，長沙臨時大學再遷雲南昆明，改稱「西南聯合大學」；西安臨時大學亦同時改稱「西北聯合大學」。在此同時，首都的中央大學、私立金陵大學、私立金陵女子文理學院、上海的同濟大學、私立復旦大學、浙江的浙江大學、福建的厦門大學、廣東的中山大學、以及華北地區的山西大學、河南大學、華中地區的武漢大學、湖南大學等，也都分別各自遷往後方離戰火較遠的地方繼續辦理。在這些內遷的大學中，有的是一遷，有的是再遷，有的甚至八遷；而在遷移的旅途中，各校的員生，均備極艱辛，更有犧牲性命的，學校的圖書儀器，亦遭受了重大的損失。然而，在國家民族面臨生死存亡的關頭，擧國上下都能堅忍不拔，愈挫愈奮，使我國的大學教育，在此一空前的浩刼中，不但還能維持弦歌不輟，進而更加有所拓展。抗戰期間新設立的大學，有浙江的英士大學（二十八年）、江西的中正大學（二十九年）、與貴州的貴州大學（三十一年）。除此而外，戰時省立與私立大學改爲國立大學的亦多，如雲南大學與廣西大學，係於二十七年與二十八年，分別由省立改爲國立，而厦門大學與復旦大學，則係於二十六年及三十一年，分別改私立爲國立等均是。

我國的大學教育，在八年抗戰期間，不但在「量」的方面有所增長，而且在「質」的方面也獲得一些進步。第一、是關於大學課程的標準：我國新式大學的課程，在淸末創設之初，便已有所規定；在「奏定學堂章程」中，對於大學各科的科目，均曾分門別類列出，並且對於每週授課的時數以及敎學的年次，亦有明確的規定。但民國二年敎育部頒布的「大學規程」，卻只列擧科目，而沒有規定每週上課的時數和敎學的年次。到民國十一年學制改革，大學採用選課制，而民國十五年的「大學條例」，又授權大學各科系及大學院的敎授會，「規劃課程及其進行事宜」，於是大學課程的規劃及安排，遂各自爲政，缺乏一致的標準。以此，民國十七年的第一次全國敎育會議，乃有「提高大學程度，規定課程、師資及設備標準」的建議。民國十八年敎育部公布大學規程，其第八條對於大學及獨立學院各科系的課程設置，便規定要爲一年級的學生設置一些基本科目，以及爲各系學生所設置的共同必修科目。民國二十一年，敎育部着手組成大學課程及設備標準起草委員會，開始整理大學的課程；並通令全國的大學自二十一年起，一律採用學年兼學分制曁大學學生應修學分的數量。民國二十四年，敎育部製訂「醫學院暫行科目表」；民國二十六年，編製「全國各大學分系課程比較表」；民國二十七、二十八年，敎育部又分別訂頒文、理、法、農、工、商各院系之必修科目表。而二十七年及三十三年，教育部更曾召開兩次大學課程會議，對於大學課程的制定與修訂工作，都曾獲得適當的效果。使我國的大學教育在實質上的層次，得以提昇。第二、是關於教員資格的審查：依據民國十八年的大學組織法的規定，大學教員分爲教授、副教授、講師、助教四級；然而，關於大學教員資格的審查，卻一直沒有共同一致的標準。民國二十九年，教育部公布「大學及獨立學院教員資格審查暫行規程」，並於同年成立了「學術審議委員會」，負責審查專科以上學校教員的資格。此外，對於專科以上學校校院長以及教員的聘任與待遇，在抗戰期間也公布了一些特殊的章則，加以規定。這些措施，對於大學人事的制度化，主要着眼於師資素質的提高，均有所裨益。

抗戰期間，大學教育另尚有一項重要的發展，卽師範學院制度的建立，於此亦值得一提。原來我國有關中等學校師資的培育，清末係在大學階段設置優級師範學堂，以司其事；進入民國則由高等師範學校負責這項工作。然自民國十一年新學制施行，除北京高等師範學校改制爲北京師範大學外，其餘幾所高等師範學校都改爲普通的大學；（北京女子高等師範學校雖一度改稱女子師範大學，但不久卽又改名。）而抗戰發生之後，北平師範大學又與北平大學及北洋工學院合組爲西北聯合大學。於是，全國遂沒有一所獨立設置的培養中學師資的教育機構。因此戰事爆發不久，中國國民黨於所召開的臨時全國代表大會中，通過「戰時各級教育實施方案綱要」，主張「爲養成中等學校德智體三育之師資，並應參酌從前高等師範之舊制而急謀設置」。二十七年七月，國民參政會第一屆會議在通過的各級教育實施方案中，有關高級師範教育的建議：「中等學校師資之訓練，應視全國各省市之需要，於全國劃分若干區，設立師範學院，施行德智體三育所需專業師資之訓練。」教育部遂於同年七月二十日訂頒「師範學院規程」，規定「師範學院由國家審視全國各地情形，分區設立，藉以培養中等學校之健全師資。」當時除將西北聯合大學、西南聯合大學、中央大學、中山大學與浙江大學等校的教育學系擴充改組爲隸屬於大學的師範學院之外，並在湖南地區創設一所獨立的師範學院；後來又在四川創設一所女子師範學院，並在四川大學內增設師範學院。戰時師資短缺的問題，因此而得抒解其困，大學教育階段中師資訓練制度的建立，有其貢獻。

以上所述抗戰八年期間我國大學教育在質與量兩方面的提高與擴充，以及中等學校師資訓練制度之建立，均可說是我國的大學教育在此一時期的重大成就與發展。然不可否認的，這些成就與發展，應歸功於國家教育決策的正確；而正確的決策則又導源於民國二十七年四月中國國民黨的臨時全國代表大會所通過的「抗戰建國綱領」及其所訂定的「戰時各級教育實施方案綱要」。前者關於教育設施的，列舉了四款；後者則規定九大方針，十七要點。同年七月，教育部迅即依據上述決策的要求，分別確定「各級教育設施之目標及施教之對象」，並擬具「戰時教育實施方案」；其中有關大學教育部分的，如大學的設置與任務等，都有甚爲具體的規定，使我國的大學教育在戰時亦能發揮其正常功能，並不斷地發展、進步。

民國三十四年八月，日本戰敗投降；戰時教育告一結束，進入復員重建的階段。復員重建階段的教育，也可說是戰時教育的延長，且爲時短暫，故併予討論，不另單獨立目。有關教育復員的工作，於勝利消息傳來立即展開；教育部一方面電頒「戰區各省市教育復員緊急辦理事項」，作爲教育復員工作的指導原則，一方面則在各收復區分設教育復員輔導委員會，輔導收復區的復員工作。玆就其與大學教育有關者而言，在接收收復區的大專學校方面，其原則爲：「國立專科以上學校接收後，除附逆有據，並情節重大之學生，先行開除學籍，或送主管機關法辦外，其餘學生應先舉行總登記，一面令其聽候定期甄別考試，一面開辦補習班」。當時即依據這個原則性的規定，將接收的收復區的專科以上學校，作一適當的處理，使其得以納入我國的正規高等教育系統之中。在新校的設置方面，三十四年九月在重慶召開的「全國教育善後復員會議」中，也作了一個原則性的決定：「復員期間新設立的大學，應注重地區的分配」。其所以如此決定，乃是因爲我國過去高等教育機構（特別是大學），由於歷史的關係，大半設置在沿海地區；分布的情形不甚合理。故會中討論，都希望抗戰期間內遷的學校，在復員時期能把過去分布不均勻的情形，加以調整。然而，後來那些內遷的學校（主要爲大學），由於事實的困難，仍都分別遷回原來的學校所在地，也就是依舊集中在沿海地區以及大都市中。以此，教育部依據前述的會議原則，對於新設立的大學，特別注重地區的分配。例如：三十五年八月新設立的蘭州大學，位於西北；同年十月新成立的長春大學，位於東北；而三十四年十一月新設立的瀋陽醫學院，三十五年八月新設立的昆明師範學院，三十六年二月新設立的西北獸醫學院，則分別位於東北、西南與西北。至三十四年十二月成立的臺灣大學，係由原日本的臺北帝國大學改組而設置的。復原時期由於新設的學校注重地區的分配，故其時的大學教育頗能改正過去集中於沿海地區與大都市的偏枯現象，而得以普遍而均衡的發展。

除此而外，戰後教育復員的工作，尙有修建校舍、充實設備等項目，限於篇幅，不詳贅述。另在法令的修訂方面，復員時期對於十八年公布，經二十三年修正的「大學組織法」，於三十七年一月再加修訂，並改稱「大學法」。新大學法與原大學組織法主要不同之處，是在大學組織法中，大學只設文、理、法、教育、農、工、商、醫「各學院」，是一種硬性的規定，即大學依法不能設上述八個學院以外的其他學院，因此師範學院的設立缺乏法律的依據。而在大學法中，則於第四條所列舉的七個學院之下，用一「等」字，因而大學中所設的學院就有彈性；並且明定「師範學院應由國家單獨設立，但國立大學得附設之」。至於大學法公布以前，各大學已設有教育學院的，仍「得繼續辦理」。此外，大學法尚規定於校務會議及教務會議之外，得設行政會議，「協助校長處理有關校務執行事項」；以及隸屬教務處之圖書館，在「規模完備」的條件下，得設置館長，使圖書館在大學中成一獨立單位。這些新的規定，對於此一期間大學教育的發展，均有良好的影響。

在此期間，教育部又先後於三十五年與三十七年公布「改進師範學院辦法」及重新修正「師範學院規程」。新公布的大學法，既使師範學院制度獲得立法的依據，而改進辦法與修正規程，更明確規定師範學院的性質與任務，同時也賦予大學其他各學院與師範學院共同或分工地負起訓練中等學校師資的任務，辦法是除大學所設的師範學院得設「第二部」與教育研究所外，其他文、理、工、農各院的學生，都可依其志願，在師範學院中選修若干教育科目，接受師範訓練並享受師範生的待遇，畢業後可以擔任中等學校的合格教師。這種措施，不僅合乎世界一般中等學校師資由大學培養的趨勢，也更適應我國當時師資供求的需要，可說是復員時期大學教育發展的新動向之一。

（四）遷臺時期

抗戰勝利不久，教育復員工作尚未完成，國家又再遭逢巨變，政府遂亦播遷臺灣。由於變亂是全面的，而且事起倉促，故全國所有的大學，沒有一所能像抗戰時期那樣，隨着政府遷來臺灣。因此，政府遷臺三十餘年，大學教育的發展，可說是僅有臺灣一省原來日據時代留下來的一點薄弱的基礎，然後經過不斷的努力與艱辛的締造，始得有今天的成就。

臺灣在光復之初，僅有四所高等教育機構（一所大學、三所獨立學院）；而這四所高等教育機構，乃是由我政府接收日本所遺留下來的高等教育機關改設而成或新設立的：國立臺灣大學係由原臺北帝國大學改設，臺灣省立農學院係由原臺中農業專門學校改設，臺灣省立工學院係由原臺南工業專門學校改設，臺灣省立師範學院（臺北）則爲新設。民國三十八年政府初遷臺灣的時候，臺灣的大學與獨立學院，仍是原來的四所，未有增加；然而，在學生方面，卻有顯著的改變，不僅學生的人數大量增多（民國三十四年臺北帝國大學僅有學生三五七人，而民國三十九年臺灣的大學暨獨立學院計有大學部學生五三七四人，碩士研究生五人，合計五、三七九人），更重要的是組成學生的分子不同。原來日據時代臺北帝國大學的學生，百分之八十以上是日人，臺灣省籍的學生不到百分之二十，其接受大學教育的機會極爲微小；光復以後，則顯見大爲增加。不僅如此，此時有些由大陸疏運來臺的圖書、儀器與設備，都撥給臺灣的高等教育機構使用，隨同政府撤退來臺的許多專上學校的教師與學生，也分別安挿進了臺灣幾所高等教育機構任教及就讀，使臺灣的高等教育，一時在質與量兩方面都獲得相當的擴張與進步。

繼此之後，由於人口的增加與經濟的繁榮，特別是中小學教育的日益普及，一方面增多大家對於大學教育的需求，一方面也提供了大學教育發展的條件。故自民國四十三年起，臺灣地區的大學教育乃急遽地擴展，在臺復校與新設立的大學及獨立學院，年有增加，其數字自三十九年的四所逐年增加到七十一年的二十八所（大學十六所，獨立學院十二所）。❷這些大學與獨立學院，有些是新設立的：如私立東海大學、私立中原大學（原中原理工學院）、私立逢甲大學（原逢甲工商學院）、私立文化大學（原

❷就中國立政治大學四十三年復校與私立東海大學四十四年創校爲最早，國立藝術學院七十一年新設爲最遲。

文化學院）、私立淡江大學（原淡江文理學院，前身爲淡江英語專科學校）、國立陽明醫學院、國立工業技術學院、國立海洋學院（原海事專科學校）、國立彰化教育學院、國立高雄師範學院、國立藝術學院、私立大同工學院（原大同工業專科學校）、私立臺北醫學院、私立中山醫學院、私立靜宜女子文理學院、私立高雄醫學院、私立中國醫藥學院；有些是改制成立的：如國立臺灣師範大學（原臺灣省立師範學院）、國立中興大學（原臺灣省立農學院與法商學院合併而成）、國立成功大學（原臺灣省立工學院）；有些是在臺復校的：如國立政治大學、國立清華大學、國立交通大學、國立中央大學、國立中山大學、私立東吳大學、私立輔仁大學；原有的僅國立臺灣大學一校。

茲以下列二表，略爲顯示政府遷臺三十餘年以來大學教育在量的方面發展的概況：❸

表一：民國三十九年以來大學與獨立學院的校數統計

學年度＼學校	大學	獨立學院	合計	備註
三十九	一	三	四	
五十	八	八	十六	
六十	九	十四	二三	
七十	十六	十一	二七	國立藝術學院預定於七十一學年度開始招生，故未列入本表。

❸ 教育部，中華民國教育統計，民國七十年。頁二—五及十八—二一。

表二：民國三十九年以來大學及獨立學院學生人數統計

學年度	學生別／人數	本科生	研究生 碩士	研究生 博士	合計
三十九	學生數	五、三七四	五	—	五、三七九
	佔人口之千分比	○・一七	○・○○	—	
五十	學生數	二九、五二四	五○一	一二	三○、○三七
	佔人口之千分比	二・六三	○・○五		
六十	學生數	一○○、四五○	二、九六七	二・○七	一○三、六二四
	佔人口之千分比	六・六六	○・一九		
七十	學生數	一五三、○八八	五、六三三	六七三	一五九、三五四
	佔人口之千分比	八・五七	○・三五		

說明：七十學年度的統計數字尚未見公布，暫以六十九學年度的數字列入。

從右二表所列數字加以比較，不難發現這三十多年來，我們的大學教育在量的方面快速發展的情形：在學校的數量方面，從民國三十九年的四所到七十一年的二十八所，膨脹了七倍；在學生的人數方面，從民國三十九年的五、三七九名到七十年的一五九、三五四名，更增加了約三十倍。這種快速擴增的情形，在我國大學教育的發展史上，乃是空前的；即在世界其他各國，亦屬少見。

除了在數量方面的急遽增長外，我國的大學教育三十餘年來，在立法、制度與措施方面，亦頗多新猷。首就立法而言，民國三十七年公布的大學法，於民國六十一年曾予修正；修正的大學法與前此的立法主要不同之處，在於：1.重視大學的設校標準；（第三條）2.有計劃的單獨設置師範大學及師範學院；（第五條）3.大學校長及學術行政主管，採取任期制，以三年爲一任，得連任一次；（第十二條）4.大學採學年學分制，修業年限可有彈性；（第三十一條）5.大學學生可以選擇輔系；（第三十二條）6.大學畢業生得逕攻博士學位；（第三十四條）7.區分大學夜間部教育與大學推廣教育的性質。（第六條及第三十五條）就中第六項，民國六十三年修正公布的「大學規程」，其第二十八條更明確規定：「大學畢業成績優異，碩士班入學考試成績優異，碩士班修業一年成績又甚優異，且名次在全班四分之一以內者，得准逕攻博士學位。」又研究生的修業年限，修訂的大學規程亦作彈性的規定：碩士班二至四年，博士班爲二至六年；逕攻博士學位者爲三至六年。此外，民國六十六年的「學位授予法」，也取代了民國四十八年的學位授予法；其新的規定有：1.名譽博士學位，由授予之大學校長、教務長及有關之院長、研究所所長、系主任與教授代表三至五人，學行會議，審查通過，並報經教育部審定後授予之；2.獲有醫學士學位，經有關醫學專業訓練二年以上，並提出專業論文，經博士班入學考試及格者，得入有關醫學研究所逕行攻讀醫學博士學位，其修業年限至少二年，至多六年。以上兩項規定，前者係取代過去須經校務會議通過的規定，後者則是爲了適應醫學教育的發展。

最近，「大學法」與「學位授予法」又在進行修訂，唯尚未完成立法程序。擬修訂的大學法，對於民國六十一年的大學法有以下幾點重要的修正：1.大學教育宗旨，改爲「研究高深學術，陶冶完整人格，養成健全之專門人才」；2.大學於文、理、法、醫、農、工、商、及其他學院之外，增列管理與宗教兩個學院；3.師範大學或師範學院，改依「師範教育法之規定設立之」；4.大學及獨立學院因事實需要，「得置副校（院）長一人」；5.大學教師增加「助理教授」一級；6.具有同等學力者，「得入大學研究所修讀碩士學位或博士學位」7.推廣教育亦得授予學位。以上各項修正的重點，自草案公布後，各方反應，見仁見智，頗爲分歧。要而言之，宗旨中加入「陶冶完整人格」，較前完備；增加管理與宗教學院，因本有「其他學院」的規定，似無必要；師範大學或師範學院改依師範教育法之規定設立，雖無不可，但以不損及其大學的地位爲限；大學增設副校長，公立學校有無必要，值得商榷；大學教師增加「助理教授」一級，可以刺激學術研究風氣，有其必要；具有同等學力者可以報考研究所，可以鼓勵進修意願，尚屬可行；推廣教育亦得授予學位，立意在「打破升學主義」，但授予必須嚴格，不可降低大學教育的水準。至於擬修訂的「學位授予法」，修正的要點有二：一爲廢止國家博士制度，今後將由各大學或獨立學院自行授予博士學位，不再由教育部授予；一爲大學生修讀其他學系科目學分，符合該學系之規定者，得並列爲主修系，但不另授學位。關於這兩項修正，後者牽涉較少，前者則牽涉較多，將來問題恐怕亦較多；事先宜有妥善防範的措施，否則，後果堪虞。

其次，談到制度方面。三十多年來大學教育在制度方面的重要興革，一爲辦理夜間部，一爲設立工業技術學院。夜間部的辦理，始於民國四十四年的臺灣大學開辦夜間補習班。民國四十六年，師範大學亦開始辦理夜間補習班；次年，又開辦夜間師資專修科。接着，公私立大學的夜間部相繼成立；而原設夜間部辦理推廣教育的性質，亦逐漸變成爲大學的第二部。民國五十四年，教育部正式公布「專科以上學校夜間部設置辦法」，雖將其重點、原則、與精神，置於推廣教育之上，如該辦法明確規定：專科以上學校夜間部設置系科，須以實用爲主，同時其學生亦以招收在職青年爲對象，而經費亦以自給自足爲原則；並且其後歷次的修正，其重點與原則等均未改變。然而，夜間部繼續發展的結果，仍是大學的第二部，而較少推廣敎育的實質，特別是報考時，由於男生須已服兵役，因此女生多而男生少，更難符合原訂推廣敎育的原則與精神。故大學夜間部的敎育，在事實上已成爲經費自給自足的大學第二部敎育。而夜間部由從理論上來說，辦理推廣敎育不限於夜間部；不過夜間部較爲適合於部分時間的進修需要。但敎育部爲於社會對於大學敎育需求的增加，發展成爲兼具推廣敎育與第二部的性質，亦屬情理之常。充分發揮夜間部的推廣功能，經指示師範大學，自六十九學年度起，夜間部的招生對象，限爲在職敎師與敎育行政人員。最近，敎育部又依據行政院科技會議的建議，要求臺灣大學、政治大學、成功大學、清華大學、交通大學、中興大學、中山大學、與工技學院等八所校院，自七十一學年度起設置夜間部，開設有關科學與技術的課程，供在職的科技人員進修，以配合政府發展科技的政策。預期實現之後，夜間部在推廣敎育方面的功能，將可更爲有效的發展。至於工技學院的設立，本係爲建立技術敎育的一貫體制，並開闢大學敎育的第二進路。故六十三年國立臺灣工業技術學院設立之初，僅招收專科學校畢業並有實際工作經驗的學生，施予二年的敎育，授予學士學位。數年之後，工技學院更擴大辦理四年制課程及實用技術性的研究所。使技術敎育在高等敎育的領域中，與大學敎育及訓練中學師資的師範敎育鼎足而三。

除此而外，敎育部現又着手籌辦空中大學。空中大學最先在英國創設，日本的空中大學數年前亦已開辦；而我國則在民國六十年時，由敎育部空中敎學委員會委託中華電視臺主辦，與各大學合作開設空中敎學大學科目，後來政治大學並有空中行政專校之設。然而，辦理迄今，由於缺乏整體的規劃，而有關資格、學歷、課程、教學（如實驗或實習）等，亦鮮法令的明文規定，故成效不彰。以此，未來的空中大學，事先必須妥為規劃，並且能取人之長以補己之短，俾能充分發揮空中教學的功能，但卻不降低大學教育的水準。

最後，關於三十餘年來大學教育的重大措施，可得而言的計有：課程修訂、聯合招生、與評鑑工作。在課程的修訂方面，政府遷臺三十多年，前後計有四次修訂大學的課程。第一次是在民國四十一年，其修訂的幅度較大：對各學院的學生增加通才教育的共同必修科目，包括三民主義、國文、中國近代史、國際組織與國際現勢；除醫學院外，各學院最少須修滿一四二學分才能畢業，較前增多十學分。民國五十三年第二次修訂，主要係將多數學系的必修學分稍微減少，最低與最高學分的差距加大。第三次修訂大學課程是在民國六十一年，此次修訂的要點為：1.刪除各學院共同必修科目，僅列各校共同必修科目與各學系必修科目，其目的在減少學生的必修科目，而增加其選修科目；2.減少畢業學分，由原來最低一四二學分減為一二八學分，其構想是學生每週有十六小時的必修科目，另有十六小時選修其他科目或準備，還有十六小時從事其他活動；3.所有選修科目經學校教務會議通過後，即可自行開設，不必再報教育部核備；4.各校可根據實際需要，設置輔系課程。民國六十四年，教育部第四度修訂大學課程；當時特別強調通才與專才教育的平衡；適應社會的需要；配合國家的目的；賦予學校適度的自主權；減少必修科目，增加選修科目，並減少各系之間最低必修學分的差距；同時將研究所修讀的科目，亦列入修訂協調的範圍。這次修訂與前此各次不同之處，在於這次的修訂，不僅重視科目的調整，並且也重視課程原則的訂定，以及課程的整體革新。

談到聯合招生，也許是三十多年來的大學教育措施中，影響範圍最廣而又招致批評最多的一項。臺灣地區的聯合招生措施，始於民國四十三年的四所大學及獨立學院實施聯合招生；當時係分北、中、南三區，甲、乙、丙三組舉行考試。其後，由於效果良好，各校院陸續加入，致規模逐漸擴大，應考學生的人數亦年有增多。至今每年一度的大學聯招，均是社會普遍重視的焦點；而批評、檢討、建議與改進的呼聲，亦年盛一年。聯招的產生與繼續施行，不可否認的有其價值與優點。如贊成此項措施者所強調的：考試一次，節省時間、精力與金錢；辦理公正，促成公平競爭，以實現機會均等的理想；避免重覆錄取，浪費有限的名額；至於減少各校自行招生的工作負擔與避免人情困擾，則猶其餘事。但這並不是說聯招便沒有缺點；相反的聯招可以指摘之處甚多：一次考試，決定一切，太不合理；考試命題，偏重記憶，不能選拔眞正適合接受大學教育的學生；影響高中的正常教學；忽視學生性向；造成明星學校，使大學的水準永遠不能齊一等等；可說是其犖犖大者。然而，聯招會並非常設機構，任何重大的改革常因其任期的不相聯貫而不能持續進行。故大學聯招自開始辦理以至今天，雖然年年都有改進，但屬於技術性者多而原則性者少。卽以本年而論，教育部原有自七十一學年度起實施保送甄試之議，俾有特定性向的學生亦可入學，但國人狃於公平的觀念，（其實聯招僅是公正，尙非公平）及殫於改革的積習，多表反對，因而教育部乃決定緩辦。由此看來，聯合招生突破性的改變，短期內恐難實現。

至於大學教育的評鑑工作，我國係於民國六十四年開始推動：由專家學者全面對於大學各學系的師資、設備、課程、圖書、研究場所、實習設備等方面，作實地的了解與評量，俾其所得的結果，可供改進的依據與參考。根據教育部民國六十四年以後的評鑑資料，大學及獨立學院各學系在上述各評鑑項目中，約有三分之一屬於佳，另有一部分屬於中等，其屬於差的項目超過三分之一的，隨學院與學系的不同而有差異，但爲數不多。❹評鑑工作有助於大學教育水準的維護與提高，乃是不爭的事實。但評鑑工作的進行必須持續而制度化，其所得資料，更應善加利用，俾從事追踪輔導，確實謀求改進；不僅如此，學校本身的自我評鑑與校際間的相互評鑑，亦應逐步增多，以期自行改革，成爲經常不斷提高水準的動力。

除此而外，尚有一項雖不屬於大學教育的範圍，但卻與大學教育有密切關係而又影響大學教育甚大的措施——留學考試，於此亦宜略爲提及。我國學生出國留學，以清末派遣幼童出洋（赴美）爲其嚆矢；其後留學的風氣漸盛，留學國別與出國人數亦與年俱增。但出國留學必須經過考試，則始於民國二十二年教育部的公布「國外留學規程」，規定出國留學，不論公費或自費，均須通過教育部所舉辦的留學考試。從此留學考試，乃成爲政府執行留學政策與管理留學教育的重要措施。政府遷臺以後，留學的風氣達於極盛，每年出國留學的學生，均數以千計；因戰亂停辦數年的自費與公費留學考試，亦分別自四十一年及四十四年起恢復賡續舉行，迄未間斷，其間自五十一年至五十七年，並曾一度實施免試出國。另自三十九年至四十三年，更爲高中畢業的學生舉辦出國留學考試五次。然而，三十多年以來，不論以何種身份出國的留學生，都是出國的多、回國的少，而且愈是社會國家所需要的人材，愈是去多回少，甚至有去無回。❺此種人才外流的現象，時常引起國人的關切，而教育部的有關留學考試的措施，

❹見國家建設研究委員會，「提高高等教育素質之研究」，文化類專題研究報告之二十六，民國六十九年。頁九十九。

❺據青輔會「二十年來我國留學教育的研究」（民國七十年）所發表的統計數字，二十年之間經教育部核准出國留學的人數爲五二、六一三人，其中以工程類科者爲最多，佔百分之二五；至回國的人數，則有六、二〇〇人，回國率約爲百分之十四。又據經建會人力規劃小組七十一年六月所發表的統計數字，近五年來自然科、工程、農、醫出國留學的人數爲一二、五二四人，回國的祇有一、三一四人，回國率爲百分之十·五。

亦因此不斷遭受各界的議論與抨擊。事實上，教育部的「出國留學規程」，近年來曾不止一次加以修正，留校考試的寬嚴與方式，亦常在調整適應，但不可否認的，教育部關於此一影響我國大學教育發展至深且巨的措施，迄乏明確的政策，亦鮮整體的規劃，致政府遷臺三十多年的大學教育，在聯合招生與留學考試的雙重陰影籠罩下，落得一個「來來來，來臺大，去去去，去美國」的議評。如不速謀改善，恐我國的大學教育將永遠淪爲留學的預備教育，更遑論學術的獨立與國家的尊嚴了。

綜右所述，乃是我國的大學教育，在民國時期幾個重要階段中發展的概略情形。一般而言，七十多年來我國大學教育的發展，其趨勢可以歸納爲下列八項：1.從制度的建立到全面的計劃；2.從目標的訂定到立法的改新；3.從設校的構想到組織的建立；4.從師資的遴用到資格的提高；5.從學生的選擇到大衆的學府；6.從科目的訂頒到課程的革新；7.從大學部的教育到研究所的教育；8.從正規生的培養到推廣教育的擴充。❻這八項趨勢，雖然足以概括中華民國建國七十餘年期間大學教育發展的經過、現況與成就，但這並不意味着我國大學教育的發展，已臻盡善盡美的境地，毋須再百尺竿頭更進一步。相反的，我國的大學教育發展至今，不僅諸多現象未盡令人滿意，甚至有些地方還必須加倍努力，以謀求改進，始可突破現狀，趕上國際水準，進而發揮大學教育應有的功能。就目前我國大學教育明顯呈現的缺失與亟待加強或改進之處而言，以下幾點：如何健全大學的組織，適度增加大學的投資，有效提高大學的水準，充分發揮大學的功能，實爲當務之急。茲略加申述於左：

1.健全大學的組織：世界一般大學的組織，不論是院系制或講座制，其作用主要在推動行政，以配

---

❻ 詳參林清江，「七十年來高等教育的發展」，刊「中華民國開國七十年之教育」，郭爲藩主編，臺北、廣文書局，民國七十年。頁二二三—二五四。

合學術活動（教學與研究）的需求。唯獨我國目前的大學的組織，係高度的科層體制；校長是一校的唯一主持人與負責人，集全部的權責於一身。由於校長係由行政機關任命，兼之學校規模日趨龐大，校務更是頭緒紛繁，因之校長的工作，日常的例行事務遠多於學術的領導活動；有的校長甚至根本忽略其學術領導的功能，經常基於行政上的要求或便利，影響或妨碍學術的活動。此種組織的型態及其運作，亟宜予以調整，使之趨於健全。至於調整的原則與方向，不外加重教育專業人員的權責，使其充分而自由地行使並發揮其能力，一方面確保大學的學術獨立（自由），一方面履行其應盡的職責。

2. 增加大學的投資：政府遷臺三十餘年用於大學教育的經費，其增加的速率極爲快速，其在全國教育總支出中所占的百分比亦甚高。然而，我國大學教育的單位成本，與教育發達國家的相對數字相較，仍顯見偏低。不僅如此，目前我國大學生就讀於私立校院的人數，以六十九學年度爲例，計爲九三、四一八人，佔全部大學生人數的百分之五八·四，但私立校院的投資數額反比公立校院爲少，其各學院的學生單位成本，更均不及公立校院的一半。❼此外，大學教育經費的支出，資本的支出遠低於經常的支出，實難期大學教育在量的擴充之餘，在質的方面亦能有相應的發展與進步。要謀上述幾種情況的改善，非大量增加對於大學教育的投資不爲功。教育經費在中央預算中的比例，固應儘可能達到憲法規定的要求，其他各方面的投資（主要爲私立校院）亦宜適度配合增加。

3. 提高大學的水準：我國近三十多年來大學教育的擴充，如前所述，無論學校數與學生數，均屬空前，舉世罕見。但量的擴充太快，亦往往導致質的降低。有效提高大學教育水準的途徑與方法極多，而首應自師資水準與學生素質的提高，改進着手。就師資水準的提高與改進言，學位雖非唯一的指標，但

❼ 詳見教育部編印，文化教育發展概況，六十九年國家建設研究會國情報告。

學歷的提高仍是師資水準提高與改善的較客觀的標準。據教育部發表的統計數字，❽六十九學年度大專校院教師的學歷分配情形（公私立合計）是：獲有博士學位者，佔百分之十一・六，碩士學位者，百分之二十四・三，學士學位者，百分之四十八・一，其他，百分之十六。就中私立校院的教師，不僅學歷略遜於公立校院，在專兼任的比例與平均任教學生數方面，亦較公立校院爲差。不有改善，大學教育的水準實難以提高。就學生素質的提高與改進言，各種對於學生素質有不利影響的措施與因素，都宜設法予以消除。例如：現行聯招的措施，既不能鑑別與選擇適合於接受大學教育的學生，又於高中的正常教學有不良的影響；另大學教育的本身，亦未能發揮其選擇與輔導學生的功能；至於學生，更是僅重視大學教育的象徵性價值而忽略其功能性價值，並且成就意願不高。這些不利的因素或措施，必須儘可能予以消除，然後學生的素質始可提高。師資水準與學生素質都提高了，大學教育的水準必然會提高的。

4.發揮大學的功能：大學的功能，一般有教學、研究、服務與推廣四者。我國的大學，因條件的欠缺，自創辦以迄大陸撤守之前，不可否認的，均僅具教學一項功能；政府遷臺以後，研究的功能始漸次發揮，研究生佔大學生總數的百分比，亦自三十九學年的〇・〇九增至六十九學年的三・九四。❾然與教育發達國家相比，此項數字，仍是相形見絀。至於服務與推廣兩項，其情況亦與研究相近，即尚在起步階段，有待大力推展。以配合國家經濟建設的服務功能爲例，自然與工程科學的人才最爲需要，然而我國大學所培養的人才，一直是人文與社會科學方面的居多，不但不能適應經濟發展的需要，甚至就業

❽ 同❼。

❾ 由表二所列數字計算而得來。

亦成爲問題。⑩今後在新的系所設置與學校的特色發展方面，應有妥善的規劃，俾大學的服務功能，得以充分發揮。在大學的推廣功能方面，使其不能充分發揮的因素亦多，最顯著的例子是夜間部；夜間部本以發揮大學的推廣功能爲主旨，但由於國人學位至上的觀念根深蒂固，發展的結果，是夜間部變成了大學的第二部。今後爲謀大學推廣功能的正常發揮，有關的法令須加修訂，對於招生的對象、學位的授予、以及資格的檢覈等，均宜作明確的規定，俾此項功能不致變質。

右係舉其犖犖大者而言，其實我國大學教育的缺失與有待改進之處尙多，仍有待在已有的基礎之上，持續改進，精益求精，則未來我國大學敎育的發展，其前途當未可限量，而成就亦可預卜。

⑩ 有關這方面的統計資料甚多，不引錄。

三民大專用書書目

國父遺教

國父思想	涂子麟 著	中山大學
國父思想	周世輔 著	前政治大學
國父思想新論	周世輔 著	前政治大學
國父思想要義	周世輔 著	前政治大學

法　律

中國憲法新論	薩孟武 著	前臺灣大學
中國憲法論	傅肅良 著	中興大學
中華民國憲法論	管　歐 著	東吳大學
中華民國憲法逐條釋義(一)～(四)	林紀東 著	臺灣大學
比較憲法	鄒文海 著	前政治大學
比較憲法	曾繁康 著	臺灣大學
美國憲法與憲政	荊知仁 著	政治大學
國家賠償法	劉春堂 著	輔仁大學
民法概要	鄭玉波 著	臺灣大學
民法概要	董世芳 著	實踐學院
民法總則	鄭玉波 著	臺灣大學
判解民法總則	劉春堂 著	輔仁大學
民法債編總論	鄭玉波 著	臺灣大學
判解民法債篇通則	劉春堂 著	輔仁大學
民法物權	鄭玉波 著	臺灣大學
判解民法物權	劉春堂 著	輔仁大學
民法親屬新論	黃宗樂 等著	臺灣大學
民法繼承新論	黃宗樂 等著	臺灣大學
商事法論	張國鍵 著	臺灣大學
商事法要論	梁宇賢 著	中興大學
公司法	鄭玉波 著	臺灣大學
公司法論	柯芳枝 著	臺灣大學

公司法論	梁宇賢　著	中興大學
票據法	鄭玉波　著	臺灣大學
海商法	鄭玉波　著	臺灣大學
海商法論	梁宇賢　著	中興大學
保險法論	鄭玉波　著	臺灣大學
民事訴訟法釋義	石志泉　原著 楊建華　修訂	輔仁大學
破產法	陳榮宗　著	臺灣大學
破產法論	陳計男　著	行政法院
刑法總整理	曾榮振　著	臺中地院
刑法總論	蔡墩銘　著	臺灣大學
刑法各論	蔡墩銘　著	臺灣大學
刑法特論（上）（下）	林山田　著	政治大學
刑事政策（修訂版）	張甘妹　著	臺灣大學
刑事訴訟法論	黃東熊　著	中興大學
刑事訴訟法論	胡開誠　著	臺灣大學
行政法（改訂版）	林紀東　著	臺灣大學
行政法	張家洋　著	政治大學
行政法之基礎理論	城仲模　著	中興大學
犯罪學	林山田　等著	政治大學等
監獄學	林紀東　著	臺灣大學
土地法釋論	焦祖涵　著	東吳大學
土地登記之理論與實務	焦祖涵　著	東吳大學
引渡之理論與實踐	陳榮傑　著	外交部
國際私法	劉甲一　著	臺灣大學
國際私法新論	梅仲協　著	前臺灣大學
國際私法論叢	劉鐵錚　著	政治大學
現代國際法	丘宏達　等著	馬利蘭 大學等
現代國際法基本文件	丘宏達　編	馬利蘭大學
平時國際法	蘇義雄　著	中興大學
中國法制史	戴炎輝　著	臺灣大學
法學緒論	鄭玉波　著	臺灣大學
法學緒論	孫致中　著	各大專院校

強制執行法　陳榮宗　著　臺灣大學
法院組織法論　管歐　著　東吳大學

政治・外交

政治學　薩孟武　著　前臺灣大學
政治學　鄒文海　著　前政治大學
政治學　曹伯森　著　陸軍官校
政治學　呂亞力　著　臺灣大學
政治學概要　張金鑑　著　政治大學
政治學方法論　呂亞力　著　臺灣大學
政治理論與研究方法　易君博　著　政治大學
公共政策概論　朱志宏　著　臺灣大學
公共政策　曹俊漢　著　臺灣大學
公共政策　朱志宏　著　臺灣大學
公共關係　王德馨　等著　交通大學
中國社會政治史(一)～(四)　薩孟武　著　前臺灣大學
中國政治思想史　薩孟武　著　前臺灣大學
中國政治思想史（上）（中）（下）　張金鑑　著　政治大學
西洋政治思想史　張金鑑　著　政治大學
西洋政治思想史　薩孟武　著　前臺灣大學
中國政治制度史　張金鑑　著　政治大學
比較主義　張亞澐　著　政治大學
比較監察制度　陶百川　著　國策顧問
歐洲各國政府　張金鑑　著　政治大學
美國政府　張金鑑　著　政治大學
地方自治概要　管歐　著　東吳大學
國際關係——理論與實踐　朱張碧珠　著　臺灣大學
中美早期外交史　李定一　著　政治大學
現代西洋外交史　楊逢泰　著　政治大學

行政・管理

行政學（增訂版）　張潤書　著　政治大學
行政學　左潞生　著　中興大學
行政學新論　張金鑑　著　政治大學

行政管理學	傅肅良 著	中興大學
行政生態學	彭文賢 著	中興大學
各國人事制度	傅肅良 著	中興大學
考詮制度	傅肅良 著	中興大學
交通行政	劉承漢 著	成功大學
組織行爲管理	龔平邦 著	前逢甲大學
行爲科學概論	龔平邦 著	前逢甲大學
行爲科學與管理	徐木蘭 著	臺灣大學
組織行爲學	高尚仁 等著	香港大學
組織原理	彭文賢 著	中興大學
實用企業管理學	解宏賓 著	中興大學
企業管理	蔣靜一 著	逢甲大學
企業管理	陳定國 著	臺灣大學
國際企業論	李蘭甫 著	中文大學
企業政策	陳光華 著	交通大學
企業概論	陳定國 著	臺灣大學
管理新論	謝長宏 著	交通大學
管理概論	郭崑謨 著	中興大學
管理個案分析	郭崑謨 著	中興大學
企業組織與管理	郭崑謨 著	中興大學
企業組織與管理（工商管理）	盧宗漢 著	中興大學
現代企業管理	龔平邦 著	前逢甲大學
現代管理學	龔平邦 著	前逢甲大學
事務管理手冊	新聞局 著	
生產管理	劉漢容 著	成功大學
管理心理學	湯淑貞 著	成功大學
管理數學	謝志雄 著	東吳大學
品質管理	戴久永 著	交通大學
可靠度導論	戴久永 著	交通大學
人事管理（修訂版）	傅肅良 著	中興大學
作業研究	林照雄 著	輔仁大學
作業研究	楊超然 著	臺灣大學
作業研究	劉一忠 著	舊金山州立大學

系統分析	陳進 著	前聖瑪麗大學

社會

社會學	蔡文輝 著	印第安那大學
社會學	龍冠海 著	前臺灣大學
社會學	張華葆 主編	東海大學
社會學理論	蔡文輝 著	印第安那大學
社會學理論	陳秉璋 著	政治大學
社會心理學	劉安彥 著	傑克遜州立大學
社會心理學	張華葆 著	東海大學
社會心理學	趙淑賢 著	安柏拉校區
社會心理學理論	張華葆 著	東海大學
政治社會學	陳秉璋 著	政治大學
醫療社會學	廖榮利 等著	臺灣大學
組織社會學	張芝雲 著	臺灣大學
人口遷移	廖正宏 著	臺灣大學
社區原理	蔡宏進 著	臺灣大學
人口教育	孫得雄 編著	東海大學
社會階層化與社會流動	許嘉猷 著	臺灣大學
社會階層	張華葆 著	東海大學
西洋社會思想史	張承漢 等著	臺灣大學
中國社會思想史（上）（下）	張承漢 著	臺灣大學
社會變遷	蔡文輝 著	印第安那大學
社會政策與社會行政	陳國鈞 著	中興大學
社會福利行政（修訂版）	白秀雄 著	臺灣大學
社會工作	白秀雄 著	臺灣大學
社會工作管理	廖榮利 著	臺灣大學
團體工作：理論與技術	林萬億 著	臺灣大學
都市社會學理論與應用	龍冠海 著	前臺灣大學
社會科學概論	薩孟武 著	前臺灣大學
文化人類學	陳國鈞 著	中興大學

勞工問題	陳國鈞	著	中興大學
少年犯罪心理學	張華葆	著	東海大學
少年犯罪預防及矯治	張華葆	著	東海大學

教　育

教育哲學	賈馥茗	著	臺灣師大
教育哲學	葉學志	著	彰化教院
普通教學法	方炳林	著	前臺灣師大
各國教育制度	雷國鼎	著	臺灣師大
教育心理學	溫世頌	著	傑克遜州立大學
教育心理學	胡秉正	著	政治大學
教育社會學	陳奎憙	著	臺灣師大
教育行政學	林文達	著	政治大學
教育行政原理	黃文輝	主譯	臺灣師大
教育經濟學	蓋浙生	著	臺灣師大
教育經濟學	林文達	著	政治大學
工業教育學	袁立錕	著	彰化教院
技術職業教育行政與視導	張天津	著	臺灣師大
技職教育測量與評鑑	李大偉	著	臺灣師大
高科技與技職教育	楊啟棟	著	臺灣師大
工業職業技術教育	陳昭雄	著	臺灣師大
技術職業教育教學法	陳昭雄	著	臺灣師大
技術職業教育辭典	楊朝祥	編著	臺灣師大
技術職業教育理論與實務	楊朝祥	著	臺灣師大
工業安全衛生	羅文基	著	
人力發展理論與實施	彭台臨	著	臺灣師大
職業教育師資培育	周談輝	著	臺灣師大
家庭教育	張振宇	著	淡江大學
教育與人生	李建興	著	臺灣師大
當代教育思潮	徐南號	著	臺灣師大
比較國民教育	雷國鼎	著	臺灣師大
中等教育	司琦	著	政治大學
中國教育史	胡美琦	著	文化大學

中國現代教育史	鄭世興 著	臺灣師大
中國大學教育發展史	伍振鷟 著	臺灣師大
中國職業教育發展史	周談輝 著	臺灣師大
社會教育新論	李建興 著	臺灣師大
中國社會教育發展史	李建興 著	臺灣師大
中國國民教育發展史	司琦 著	政治大學
中國體育發展史	吳文忠 著	臺灣師大
如何寫學術論文	宋楚瑜 著	臺灣大學
論文寫作研究	段家鋒 等著	政戰學校等

心理學

心理學	劉安彥 著	傑克遜州立大學
心理學	張春興 等著	臺灣師大等
人事心理學	黃天中 著	淡江大學
人事心理學	傅肅良 著	中興大學

經濟・財政

西洋經濟思想史	林鐘雄 著	臺灣大學
歐洲經濟發展史	林鐘雄 著	臺灣大學
比較經濟制度	孫殿柏 著	政治大學
經濟學原理（增訂新版）	歐陽勛 著	政治大學
經濟學導論	徐育珠 著	南康涅狄克州立大學
經濟學概要	歐陽勛 等著	政治大學
通俗經濟講話	邢慕寰 著	前香港大學
經濟學（增訂版）	陸民仁 著	政治大學
經濟學概論	陸民仁 著	政治大學
國際經濟學	白俊男 著	東吳大學
國際經濟學	黃智輝 著	東吳大學
個體經濟學	劉盛男 著	臺北商專
總體經濟分析	趙鳳培 著	政治大學
總體經濟學	鐘甦生 著	西雅圖銀行
總體經濟學	張慶輝 著	政治大學
總體經濟理論	孫震 著	臺灣大學

數理經濟分析	林大侯	著	臺灣大學
計量經濟學導論	林華德	著	臺灣大學
計量經濟學	陳正澄	著	臺灣大學
經濟政策	湯俊湘	著	中興大學
合作經濟概論	尹樹生	著	中興大學
農業經濟學	尹樹生	著	中興大學
工程經濟	陳寬仁	著	中正理工學院
銀行法	金桐林	著	華南銀行
銀行法釋義	楊承厚	著	銘傳管理學院
商業銀行實務	解宏賓	編著	中興大學
貨幣銀行學	何偉成	著	中正理工學院
貨幣銀行學	白俊男	著	東吳大學
貨幣銀行學	楊樹森	著	文化大學
貨幣銀行學	李穎吾	著	臺灣大學
貨幣銀行學	趙鳳培	著	政治大學
現代貨幣銀行學	柳復起	著	新南威爾斯大學
現代國際金融	柳復起	著	新南威爾斯大學
國際金融理論與制度（修訂版）	歐陽勛等	編著	政治大學
金融交換實務	李麗	著	中央銀行
財政學	李厚高	著	逢甲大學
財政學（修訂版）	林華德	著	臺灣大學
財政學原理	魏萼	著	臺灣大學
商用英文	張錦源	著	政治大學
商用英文	程振粵	著	臺灣大學
貿易契約理論與實務	張錦源	著	政治大學
貿易英文實務	張錦源	著	政治大學
信用狀理論與實務	蕭啟賢	著	輔仁大學
信用狀理論與實務	張錦源	著	政治大學
國際貿易	李穎吾	著	臺灣大學
國際貿易實務詳論	張錦源	著	政治大學
國際貿易實務	羅慶龍	著	逢甲大學

國際貿易理論與政策（修訂版）	歐陽勛等編著	政治大學
國際貿易政策概論	余德培　著	東吳大學
國際貿易論	李厚高　著	逢甲大學
國際商品買賣契約法	鄧越今　編著	外貿協會
國際貿易法概要	于政長　著	東吳大學
國際貿易法	張錦源　著	政治大學
外匯投資理財與風險	李　麗　著	中央銀行
外匯、貿易辭典	于政長　編著 張錦源　校訂	東吳大學 政治大學
貿易實務辭典	張錦源　編著	政治大學
貿易貨物保險（修訂版）	周詠棠　著	中央信託局
貿易慣例	張錦源　著	政治大學
國際匯兌	林邦充　著	政治大學
國際行銷管理	許士軍　著	新加坡大學
國際行銷	郭崑謨　著	中興大學
行銷管理	郭崑謨　著	中興大學
海關實務（修訂版）	張俊雄　著	淡江大學
美國之外匯市場	于政長　譯	東吳大學
保險學（增訂版）	湯俊湘　著	中興大學
人壽保險學（增訂版）	宋明哲　著	德明商專
人壽保險的理論與實務	陳雲中　編著	臺灣大學
火災保險及海上保險	吳榮清　著	文化大學
市場學	王德馨　等著	中興大學
行銷學	江顯新　著	中興大學
投資學	龔平邦　著	前逢甲大學
投資學	白俊男　等著	東吳大學
海外投資的知識	葉雲鎮　等譯	
國際投資之技術移轉	鍾瑞江　著	東吳大學

會計・統計・審計

銀行會計（上）（下）	李兆萱　等著	臺灣大學等
初級會計學（上）（下）	洪國賜　著	淡水工商
中級會計學（上）（下）	洪國賜　著	淡水工商
中等會計（上）（下）	薛光圻　等著	西東大學等

會計辭典	龍毓聃 譯	
會計學（上）（下）	幸世間 著	臺灣大學
會計學題解	幸世間 著	臺灣大學
成本會計（上）（下）	洪國賜 著	淡水工商
成本會計	盛禮約 著	淡水工商
政府會計	李增榮 著	政治大學
政府會計	張鴻春 著	臺灣大學
稅務會計	卓敏枝 等著	臺灣大學等
財務報表分析	洪國賜 等著	淡水工商等
財務報表分析	李祖培 著	中興大學
財務管理	張春雄 著	政治大學
財務管理（增訂新版）	黃柱權 著	政治大學
商用統計學（修訂版）	顏月珠 著	臺灣大學
商用統計學	劉一忠 著	舊金山州立大學
統計學（修訂版）	柴松林 著	政治大學
統計學	劉南溟 著	前臺灣大學
統計學	張浩鈞 著	臺灣大學
統計學	楊維哲 著	臺灣大學
統計學	顏月珠 著	臺灣大學
統計學題解	顏月珠 著	臺灣大學
推理統計學	張碧波 著	銘傳管理學院
應用數理統計學	顏月珠 著	臺灣大學
統計製圖學	宋汝濬 著	臺中商專
統計概念與方法	戴久永 著	交通大學
審計學	殷文俊 等著	政治大學
商用數學	薛昭雄 著	政治大學
商用數學（含商用微積分）	楊維哲 著	臺灣大學
線性代數（修訂版）	謝志雄 著	東吳大學
商用微積分	何典恭 著	淡水工商
微積分	楊維哲 著	臺灣大學
微積分（上）（下）	楊維哲 著	臺灣大學
大二微積分	楊維哲 著	臺灣大學

機率導論	戴久永	著	交通大學

新　聞

傳播研究方法總論	楊孝濚	著	東吳大學
傳播研究調查法	蘇蘅	著	輔仁大學
傳播原理	方蘭生	著	文化大學
行銷傳播學	羅文坤	著	政治大學
國際傳播	李瞻	著	政治大學
國際傳播與科技	彭芸	著	政治大學
廣播與電視	何貽謀	著	輔仁大學
廣播原理與製作	于洪海	著	中廣
電影原理與製作	梅長齡	著	前文化大學
新聞學與大眾傳播學	鄭貞銘	著	文化大學
新聞採訪與編輯	鄭貞銘	著	文化大學
新聞編輯學	徐旭	著	新生報
採訪寫作	歐陽醇	著	臺灣師大
評論寫作	程之行	著	紐約日報
新聞英文寫作	朱耀龍	著	前文化大學
小型報刊實務	彭家發	著	政治大學
廣告學	顏伯勤	著	輔仁大學
媒介實務	趙俊邁	著	東吳大學
中國新聞傳播史	賴光臨	著	政治大學
中國新聞史	曾虛白	主編	
世界新聞史	李瞻	著	政治大學
新聞學	李瞻	著	政治大學
新聞採訪學	李瞻	著	政治大學
新聞道德	李瞻	著	政治大學
電視制度	李瞻	著	政治大學
電視新聞	張勤	著	中視文化公司
電視與觀眾	曠湘霞	著	政治大學
大眾傳播理論	李金銓	著	明尼西達大學
大眾傳播新論	李茂政	著	政治大學

大眾傳播與社會變遷	陳世敏	著	政治大學
組織傳播	鄭瑞城	著	政治大學
政治傳播學	祝基瀅	著	
文化與傳播	汪　琪	著	政治大學

歷史・地理

中國通史（上）（下）	林瑞翰	著	臺灣大學
中國現代史	李守孔	著	臺灣大學
中國近代史	李守孔	著	臺灣大學
中國近代史	李雲漢	著	政治大學
中國近代史（簡史）	李雲漢	著	政治大學
中國近代史	古鴻廷	著	東海大學
隋唐史	王壽南	著	政治大學
明清史	陳捷先	著	臺灣大學
黃河文明之光	姚大中	著	東吳大學
古代北西中國	姚大中	著	東吳大學
南方的奮起	姚大中	著	東吳大學
中國世界的全盛	姚大中	著	東吳大學
近代中國的成立	姚大中	著	東吳大學
西洋現代史	李邁先	著	臺灣大學
東歐諸國史	李邁先	著	臺灣大學
英國史綱	許介鱗	著	臺灣大學
印度史	吳俊才	著	政治大學
日本史	林明德	著	臺灣師大
日本現代史	許介鱗	著	臺灣大學
近代中日關係史	林明德	著	臺灣師大
美洲地理	林鈞祥	著	臺灣師大
非洲地理	劉鴻喜	著	臺灣師大
自然地理學	劉鴻喜	著	臺灣師大
地形學綱要	劉鴻喜	著	臺灣師大
聚落地理學	胡振洲	著	中興大學
海事地理學	胡振洲	著	中興大學
經濟地理	陳伯中	著	前臺灣大學
都市地理學	陳伯中	著	前臺灣大學